»Frühling läßt sein blaues Band / Wieder flattern durch die Lüfte . . .« Eduard Mörikes Gedicht »Er ist's« eröffnet verheißungsvoll »Das Frühlingsbuch«. Viele wissen es auswendig und sprechen es vor sich hin, wenn das geschieht, was der Dichter »vernommen« hat. Nach langer, dunkler, kalter Winterzeit kehrt der Frühling zurück: die Jahreszeit, die wir ersehnen wie keine andere und die wir ihrer Besonderheit und Schönheit wegen lieben. So wie die deutschsprachige Literatur aus acht Jahrhunderten es bezeugt: Gedichte, Lieder, Oden, Elegien, die den Frühling besingen; Prosa auch, mal ernsthaft, mal spaßhaft, worin die »Bilder des Frühlings« beschrieben werden. Jean Paul jubelte: ». . . das Leben ist schön, und die Jugend ist noch schöner, und der Frühling ist am allerschönsten.«

Hans Bender und Nikolaus Wolters haben mit sichtbarer Begeisterung und Kenntnis »Das Frühlingsbuch« gesammelt. Sie haben die Lyrik und Prosa nach den Monaten des Frühlings – März, April, Mai – geordnet und damit auch den Verlauf der Jahreszeit hervorgehoben; von der Frühlingsahnung bis zur Frühlingserfüllung.

insel taschenbuch 2201
Das Frühlingsbuch

Das Frühlingsbuch

GEDICHTE UND PROSA
HERAUSGEGEBEN VON
HANS BENDER UND
NIKOLAUS WOLTERS

INSEL VERLAG

Umschlagfoto: Gisela Caspersen

insel taschenbuch 2201
Erste Auflage 1998
© dieser Ausgabe Insel Verlag Frankfurt am Main 1986
Alle Rechte vorbehalten
durch den Insel Verlag Frankfurt am Main und Leipzig
Quellenhinweise am Schluß des Bandes
Vertrieb durch den Suhrkamp Taschenbuch Verlag
Umschlagentwurf: Michael Hagemann
Satz: Libro, Kriftel
Druck: Ebner Ulm · Printed in Germany

1 2 3 4 5 6 – 03 02 01 00 99 98

Das Frühlingsbuch

EDUARD MÖRIKE
ER IST'S

Frühling läßt sein blaues Band
Wieder flattern durch die Lüfte;
Süße, wohlbekannte Düfte
Streifen ahnungsvoll das Land.
Veilchen träumen schon,
Wollen balde kommen.
– Horch, von fern ein leiser Harfenton!
Frühling, ja du bist's!
Dich hab ich vernommen!

WILHELM LEHMANN
ANFANG MÄRZ

Seit einer Woche taut es. Rinnendes Wasser – es gibt einen Märchenlaut. Konnte das Ohr in regnerischen, schlammigen Wintern das unaufhörliche »Gluck-Gluck« verfluchen, jetzt glaubt es, Harfenmusik zu hören. So bald freilich zieht der Frost seine Eiskrallen nicht aus dem Boden, der im Durchschnitt metertief gefroren ist. Mächtige Brocken Schnee liegen an kalten, dunklen Stellen. Die Landschaft spielt im Dreiklang: graubraungelb die Weiden, weiß die Schneestücke, dunkelbraun die Äcker. Wie nach einer Grippe die Rekonvaleszenz die gefährlichste Zeit ist, mit heimtückischen Schwächezuständen, so ist für den Landmann gerade jetzt, nachdem die bitterste Gewalt des Frostes gewichen ist, der Feind noch nicht geschlagen. Die

Äcker sind nacktgetaut von der schon mächtigen Mittags-
sonne, grün recken sich die Spitzen der jungen Roggen-
saat, die unter dem Schnee meist unversehrt geblieben ist.
Aber nun friert es nachts gerade so tief wie die feinen
Wurzeln reichen: beim Auftauen hebt und weitet sich der
Boden, und die Wurzeln zerreißen.

Die berühmten neun Sonnentage im März lassen nicht
auf sich warten, es ist herrlich am Mittag, herrlich schon
am Morgen, wenn der Schein den Bettpfosten vergoldet.
Fast ist es schon verklungenes Märchen, verschollene Geschichte, daß, als wir die Säue in der Bucht am Gutshof
fütterten, zu Hunderten die Krähen sich zwischen ihnen
niederließen, den Säuen auf den Rücken hockten und
gierig schlangen, ja, daß eines Morgens mitten unter ihnen
zwei Fasanenhähne stolzierten, daß eines schneidenden
Sonntagnachmittags aus dem kleinen Schuppen, in dem
wir Gartengeräte bewahrten, sieben Rehe sprangen. Ist es
wirklich schon vergessen? Aber kehrt sich der Blick vom
aufgetauten Lande ab meerwärts, da sitzt immer noch der
weiße Panzer. Dicht an der Kante finde ich die kleine
Leiche eines Halsbandregenpfeifers, und die Schlehenbü-
sche stehen kahl, wenn schon die weißgrauen Pinsel der
Weide heraus sind und es nicht mehr lange dauert, daß die
Kätzchen der Haselnuß, ziehharmonika-ähnlich sich wei-
tend, zu sträuben beginnen.

Endlich, endlich ringen sich aus dem Waldboden, dessen Blätterspreu der Frost allnächtlich wieder festnäht,
die Schneeglöckchen. Wie das Kind im Mutterleibe, so
sitzt der weiße Blütenkopf noch in der Blattscheide, von
einer zarten, gelben Haut umschlossen; auch die langen
Blätter sind im Boden gelb. Rehe haben die Spreu bloß-
gescharrt und einige gelbe Spitzen losgetrennt.

Die scheuen Wildtauben brauchen nicht mehr in die
Gärten zu fliegen, an die Grünkohlstauden. Sie dürfen

wieder in den Wipfeln hausen, die Vögel der Venus, und das kosende Rucksen wird den österlichen Wald durchtönen.

Aus: Bukolisches Tagebuch 1927-1932

Briefe im März

JOHANN PETER HEBEL
AN GUSTAVE FECHT

27. März 1796

Schneit's denn auch hübsch ordentlich bei Ihnen? – Ich habs sonst lieber, wenn am Ostermorgen die Luft recht still und heiter ist und die Sonne geräuschlos und freundlich aufgeht und die ganze Natur mit den lieblichsten Reitzen, die die Jahreszeit verstattet, den lieben Morgen feiert. Ich kann mir dann so lebhaft vorstellen unds so innig fühlen, wies dem edlen Sohn Mariä so wohl ward, als er aus dem Grabe kam und im neuen frohen Leben, die Schönheit der Natur um sich her wider erblickte, den schönen blauen Himmel über sich, den ersten Strahl der Morgensonne, den sie ihm zum Gruß schickte, und als er den balsamischen Morgenduft wieder hauchte. Am selbigen Sonntag früh hats gewiß nicht geschneit. Auch mein ich, ich fühls schon, wenn ich aus der finstern Kammer in die Stube trete und die Sonne schon so lieblich hereinscheint, wies unser einem sein wird, wenn wir auch einmal aus dem langen Schlaf aufwachen und aus der finstern Kammer hervorgehen. Es soll alsdann gar eine milde liebliche Luft, und ein milder bläulicher Schimmer uns umgeben in der Urständ, wie Dr. Luther vermutet. Doch das wird Ihnen der Engel alles besser gesagt haben. Ists etwa gar der gewesen, der dabei war selbigen Morgen?

Rüschhaus, den 18. März 1837

Im Februar hat es gar arg gestürmt, und namentlich das Treibhäuschen hat alle oberen Fenster verloren. Mama will jetzt, da sie doch keine sehr zarte Pflanzen halten wird, ein gewöhnliches Dach darüber machen lassen. Überhaupt hat sie allerlei damit vor. Die kleinere Abteilung soll ganz zierlich eingerichtet werden, und sie denkt dann im Frühling und Herbst fleißig dort zu sitzen. Mama hat in meiner Abwesenheit die Hecke um den Garten wegnehmen lassen. Allerdings wird die Aussicht dadurch freier, aber vorläufig habe ich doch einen großen Schaden erlitten. Alle meinen guten Pflänzchen, die ich selber von Hülshoff in einem Korbe so schön hergetragen, alle meine Pulmonaria, Löwenmäulchen, Vinca sind hin! Sie standen an der Hecke. Ich habe mich an diese Blumen von Kindheit an so gewöhnt, daß ich meine, ohne sie sei es nur halb Frühling; bei Hülshoff wuchsen sie zu Hunderten wild, hier nicht. Deshalb hatte ich sie schon in den ersten Jahren unseres Hierseins herübergeholt. Sie wollten sich zwar nicht recht vermehren, aber ich sah doch jeden Frühling etwas Gewohntes. Nun: *transeat cum caeteris*! Wie ärgert es mich, daß ich im vorigen Jahre keine Pflänzchen oder Samen mitgenommen habe von den Blumen, woran ich mich so gefreut in Eppishausen! Der *Gentiana verna*, *Pri-*

mula farinosa, der strauchartigen Pflanze, die Wickenblu-
men trägt, von zweierlei Art an *einem* Stamme. Ich hoffe,
Mama denkt daran.

BETTINE VON ARNIM
AN CLEMENS BRENTANO

Clemente! Zu Ostern willst Du kommen? Heute haben wir
den 22. März! – Nein, es sind beinah noch vier Wochen.
Aber es wird dann schon sehr schön im Garten sein. Ich
habe unsre Rasenbank erhöht, das muß früh geschehen,
das kurze Gras muß recht dicht wachsen. Unsre Katze hat
Junge, sie sind so allerliebst, Clemens, der Frühling ist
nicht mehr zu leugnen, die Reben weinen. Es ist ja auch in
wenig Zeit schon Mai, aber doch in vier Wochen erst, denn
dann ist gewiß das schönste Wetter.

Ich soll von meinem Tagewerk Dir schreiben und was
wir Geschwister zusammen treiben. Heut war ich den
ganzen Tag im Garten, ich hab ja am Tag, wo Du fort bist,
am Abend noch ein Beet umgegraben und hab Salat hin-
eingesäet, er ist schon heraus, ich mußte eine Strohdecke
drauflegen gegen unzeitigen Frost. Ich will mir doch
nichts mehr von den Menschen weismachen lassen! Und
statt am Abend mir Vorwürfe zu machen, daß ich alles
besser wissen will, bin ich am frühsten Morgen schon auf,
wo die ganze Welt noch schläft, und beobachte sie; erst
kommen die Tauben, sie baden sich und trinken am Brunnen zwischen den Steinen das Wasser, ich hab sie gelockt
auf der Haustreppe mit gestohlenem Futter! Morgen-
stund hat Gold im Mund, darum soll ich früh aufstehen,
meinst Du. – Es war noch ganz nebelig und verschlafen,

doch bald fiel das Gold der Morgenstunde schräg in die Straße, in den Hausgiebeln gingen die Fenstern auf, da wohnen die jungen Mädchen, die wollen auch Morgenluft schlucken; ich ging um die Ecke am Kanal längs den Gärten, da sind so viel Veilchen, man steckt sie in den Busen, sie duften Dir ein Weilchen, es ist ihre Sprache. Als ich vom frühen Spaziergang heimging, sah ich den Bäckerjungen laufen, er schellte am Haus, wo die Emigranten wohnen, der *Duc de Choiseul* guckte aus dem Fenster und kaufte Milchbrot, ich wollte ihn nicht beschämen und kehrte wieder um; als ich zum zweitenmal zurückkam, trat die Milchfrau ans Fenster, die ihm die Milch abmaß. Da kamen noch viele Milchtöpfchen zu allen Fenstern heraus; einer, der sich von Spitzbuben umringt sieht, kann sich nicht ängstlicher durchschleichen, als ich zwischen dem Milchhandel dieser vornehmen Emigranten; ehemals waren sie von einer großen Valetaille umringt, die sich wieder bedienen ließ von allerlei Gesindel, und nun sind sie eingerichtet in eigner Person, wie kompendiöse englische Reisenecessaire, wo man alles beisammen hat, selbst das Überflüssige. Ists möglich, daß man ein Heer von Müßiggängern beschäftige mit Angelegenheiten, die nur der Müßiggang notwendig macht. Sie malen, sie schleifen in Glas, sie sticken Blumen auf Bandschleifen, sie drechslen, sie überschwemmen das Land mit närrischen Künsten, und die Großmama wundert sich, daß unter allen keine Gelehrten sich finden.

Deine Bettine

〜〜〜〜〜

Sonnabendabend nach 6 Uhr

Eben bin ich noch mit Tante Brick im Garten gewesen; sie
hatte eine Entdeckung gemacht, die sie mir notwendig
zeigen mußte. An der Nachbarsplanke in unserem Garten
stehen viele große, schöne Gesträuche, persische Syrin-
gen, Jasmin, Flieder in Menge, auch eine Akazie. Wenn
das alles blüht, wird es hübsch. Die Entdeckung bestand
aber darin, daß sich in die eine Syringe bis in die Spitze ein
kräftiges Geißblatt hinaufrankt und verbreitet. Wenn das
noch mit hinzublüht, das gibt ein Nasenkonzert für meine
süße Frau.

Dienstagabend 7 Uhr. 28. März. Husum 1846

Heute ist es frühlingsmilde gewesen, liebe Dange. Tausend
Blumenaugen guckten aus der schwarzen Erde, die Störche klapperten auf den Schornsteinen, und die Jungens
schrien »Vivat hoch!« in die blaue Luft hinein; hinten im
Saal warf das Abendrot einen goldenen Schein auf die
weiße Wand. Jetzt ists Abend, aber alles draußen und
drinnen ist so friedlich; die Möbel stehen so geduldig und
schweigsam an den Wänden umher, und die kleinen Holz-
würmer schlagen den Takt zu der Frühlingsmelodie, die
noch leise in den Lüften summt. Weißt Du, mein Kind-
chen, wenn draußen Sturmnacht und Wolkenjagd ist und
die Baumwipfel in tollem Tanze schütteln und brausen,
dann wirds oft gar unheimlich in den alten Sälen und
Peseln, wo die alten Riesenbäume, die Tannen und Eichen, in wunderliche, schnörkelhafte Möbel verzaubert,
an den Wänden umherstehen. Dann streben sie aus ihrer

Verzauberung heraus. Hast Du's wohl eher belebt, Kind-
chen? Es sieht recht traulich aus, wenn die alte Kommode
aus Großmutters Hausrat im Zwielicht ihre dünnen Spin-
nenbeine tastend vor sich hinstreckt; oder hast Du's wohl
gehört, wenn der braune Kleiderschrank mit den gespen-
stischen Holzschnitzereien seinen weiten Bauch dehnt,
daß es plötzlich krachend von einem Winkel in den anderen fährt? Der Lehnstuhl mit den Ohrenklappen, worauf
das Streifchen Mondlicht so hastig hin und her huscht,
macht seine Arme auf und zu. Aber es sind matte, traum-
hafte Bewegungen; der Zauber lastet zu schwer, die alte
Gestalt ist für lange, lange Zeit verloren, und wenn Du
anderentags im Sonnenschein in den Saal trittst, so stehen
Schränke und Stühle unverrückt an ihrem Platze, und Du
ziehst die Schiebladen der alten Kommode auf, und Deine
Bänder und Schleifen und der Resedaduft lachen Dir
lustig entgegen. – Dieses, meine Dange, ist, wie Tieck es
nennt, eine Seele zu einem Gedicht. Da es nun wahrscheinlich niemals einen Leib bekommen wird, so habe ich Dir
wenigstens die Seele mitteilen wollen.

Dein Theodor.

Montag gegen 10 Uhr abends
Heute morgen, als ich aufstand, ging ich gleich in den
Garten. Nun wissen die Vögel unterm Himmel auch, daß
wir uns lieben, denn die Kresse kommt durch; Dein C
bricht zuerst heraus.

Schade, daß Stifter zwar einen »Nachsommer«, aber keinen »Vorfrühling« gedichtet hat! Ein solcher Roman hätte
wohl bezeugt, *wann* diese Jahreszeit eintritt. Doch nein!
Wenn ein Dichter die Verlobung des jungen Helden seiner
Erzählung als eine Zeit ohne Liebe, ja fast ohne Empfindung schildert, wenn er dem Paar den Umweg über Frühling und Sommer bewußt ersparen will, die Zwanzigjähri-
gen sogleich in den kühlen Herbst führt, weil er nur Liebe
zwischen Alten für wahr hält und geradezu sagt: »Leidenschaft ist immer unsittlich« – dann hätten wir, so groß und
liebenswert Stifter sein kann, von ihm keine Kunde vom
Lenz erwarten dürfen. Denn der Frühling ist entschieden
anderer Auffassung: er lebt von junger Liebe und Leidenschaft und hält sie durchaus nicht für unedel und verwerf-
lich. Man frage nur die Blumen und Vögel, ja alle Wesen,
die jetzt zum Auferstehen und Leben drängen. Täglich
horchen wir nun auf sie, und wenn wir das Ohr ein wenig
spitzen, so hören wir auch zahllose schüchterne, zurück-
haltene, oft aber auch jubelnde Antworten, in vielen Sprachen. Um sie zu verstehen, ist es nicht erforderlich, das
Reifezeugnis einer Dolmetscherschule zu besitzen.

Schon ein Kind merkt, daß die Tage langen und die
Betzeitglocken immer später erschallen, die Bächlein zu
murmeln beginnen, wie fast plötzlich die goldenen Win-
terlinge ihre Köpfchen aus dem Schnee emporheben und
die unverwüstlichen Primeln blühen – primula et ultima!
Und als erste Pflanze duftet der Seidelbast. Schon stäu-
ben die männlichen Kätzchen von Haseln; Erlen, Weiden,
Cornelkirschen folgen bald. Doch leise erst spürt man,

wenn man an der Rinde lauscht, ein fernes Raunen und Dehnen auch in den hohen Bäumen. Ganz deutlich schwatzen nun kleine Singvögel schon von Paarung und Nestbau; wir haben Spatzen, Meisen, Ammern, Finken und Amseln ganz genau verstanden; sie beschwerten sich übrigens, da wir aus erzieherischen und Sparsamkeitsgründen begannen, ihre winterliche Futterration nun einzuschränken. Ein ersessenes oder erflogenes »Recht« gibt auch ein Vogel nur mit Widerspruch preis . . . heute noch; aber übermorgen wird er undankbar sich um seine Futterörtchen kaum mehr bekümmern; denn er wird ja nun ganz im Freien auch schon erwachte Fliegen und Mücken und die prächtigsten, fettesten Läuschen und Würmchen finden und sich lieber an ihnen sättigen.

Am 1. März sahen wir hellen Tages eine große Eule langsam über das Kopfholz fliegen, verfolgt und verhöhnt von einigen Krähen . . . in unbegreiflicher Feindschaft des Pöbels gegen den Vogel der Pallas Athene. Nachts klagt bereits im nahen Wäldchen ein Kauz, der nach den Pinguinen drolligste Vogel; bald lacht er spukhaft, bald heult er kummervoll – es gilt für ihn buchstäblich das gleiche Lenzesgebot wie für Hans Sachs: der erste laue Vorfrühlingstag will, daß »er etwas sagen soll«. Gleiches wollen auch die Spechte, wenn sie es auch anders ausdrücken und auch ihnen der Schnabel nicht gerade »hold gewachsen« ist. Zwei Arten ließen sich jetzt in aller Nähe beobachten, der Bunt- und der Grauspecht. Verlaine meinte in ihrem Klopfen das Pochen an einen leeren Sarg zu hören, doch Schwermut kommt nicht auf, wenn man den Vogel wie neckisch um den Stamm herumklettern und hervorgucken sieht; eher befürchtet man, er ziehe sich eine Gehirnerschütterung zu. Das Wiehern des Grünspechts aber, des »Märzefülli« (wie er in Graubünden heißt), hörten wir noch nicht; da dieses fliegende Rößlein im Gegensatz zu seinen borkenkäferfressenden Verwandten sich hauptsächlich von Ameisen nährt, mag sein Ausbleiben vielleicht damit zusammenhängen, daß in unserer Gegend alle großen Ameisenhaufen zerstört wurden.

Wehmütig berührt der sich schon herumsagende Aufbruch der uns nun verlassenden Zugvögel, der ja freilich dann reich gutgemacht wird durch die Ankunft anderer. Dennoch schmerzt dieser Wechsel, gerade eben des nie zu Ende kommenden Wechsels wegen – variatio *non* delectat. Wir erkennen ein ewiges Suchen und Wandern, Hoffen und Verzichten, währenddessen Zahllose verderben und sterben, ob es sich um Vögel oder um Menschen handle. – Wo weilen noch die Schwalben? Werden wir noch einmal Störche sehen? Im Gedanken an alles, was da fleugt und kreucht, folgten wir der Neugier und kletterten in einen Estrichwinkel unter dem Dach, wo einige Fledermäuse von den Sparren hängen; schien es nur, daß sie mit den Augen blinzelnd versprachen, bald auch zu erwachen und auf ihre Weise für das Gleichgewicht in der Natur zu sorgen? Wir hoffen, daß sie Myriaden von Mücken vertilgen werden – und dem eben gefühlten Gedanken vom ewigen Wandern gesellt sich der vom ewigen Kampf. Keats war davon tief betroffen, als er an einem friedlichen Abend am silbergesäumten Meere saß, aber den Habicht im Stoß auf Beute sah und das sanfte Rotkehlchen beim Verschlingen eines Wurms: »Ich sah zu weit in die See, wo jeder Magen immer fort und fort vom andern lebt, der größere vom kleineren« – »and so from Happiness I far was gone.« Ähnlichen Kampf um Nahrung und Licht hätte der englische Dichter ja sogar in der Pflanzenwelt erkennen müssen. Um so froher deuten wir anderseits Schicksalsgemeinschaften an: Falter brauchen Blumen, Blumen Falter.

Im Weiher, dessen Eisschale jetzt zerbricht, geht ein

Zucken durch die Träume der Frösche. Warte nur, bald werden sie heraufsteigen und sich sonnen und unentwegt quaken wie vor alter Zeit, als noch Zeus ihnen den König gab. Im raschelnden Laub, auf trockenen Waldblößen hasten jetzt schon die Lauf-, Hüpf-, Spring-, Wolf-, Harlekin-Spinnen, die kein Fangnetz errichten und ihr Futter springend erbeuten, selbst aber heute die beliebteste Nahrung der Amseln und Sperlinge und der ersten Heimkehrer unter den Vögeln bilden. Nie werden wir von der Bubensehnsucht loskommen, den Spuren von Rehen, Hasen, Füchsen, Dachsen, Eichhörnchen zu folgen – bis in tiefste Waldgeheimnisse hinein; doch schon ist jetzt die Schneedecke oft von aperen Stellen unterbrochen, wo selbst Vetterli und Coopers Fährtenfinder in Verlegenheit kämen. Je höher das Tier, desto weniger auffällig prägt sich Lenzesauferstehen aus. Doch gestern glaubten wir im stets melancholischen Auge eines Stiers einen kleinen Glanz zu sehen. – Menschen soll es geben, die sogar im Winter lieben.

Zu den schönsten Offenbarungen erster Frühlingstage gehören die lebenden Blumen, die Schmetterlinge. Letztes Jahr sahen wir schon am 4. März den ersten Zitronenfalter über ein Grab schweben; 1951 war es erst am 13. März, aber an diesem Tag flogen zur gleichen Stunde sieben der leuchtendgelben Falter im Kirchhof und zugleich auch noch ein Kleiner Fuchs und ein Kohlweißling. Alle schienen wie vom Herrgott neu bemalt; und doch waren es nicht etwa junge, eben aus Puppen kriechende Sommervögel, sondern solche des letzten Jahres, die den langen Winter in Starre verschliefen. Wann sehen wir diesmal die ersten? Ach, alle die wundervoll farbig für wenige Wochen Auferstehenden, wo weilen sie, was ahnen sie, bis der erste Föhntag ihre Hüllen sprengt? Man sollte so feinfühlig sein, all dies unendlich mannigfaltige Weben und Leben und Streben auch der Unterirdischen, die wohl größere Heere stellen als all die uns besser vertrauten Oberen, zu spüren, zu hören, zu sehen, zu riechen, zu fühlen – oh! unsere paar Sinne genügen bei weitem nicht! Laforgue hatte nur zu sehr recht, als er klagte: »Cinq sens seulement, ce n'est pas un sort!« Besäßen wir Sinne genug, würde uns vielleicht sogar die anorganische Natur leben. Wir würden sogar angestrengten, liebevollen Blicks gewahren, wie ganz, ganz langsam in Urväterzeiten Kristalle sich zu bilden begannen, die in Urenkelszeiten in erstarrten Strahlen dem ewigen Fels eingewachsen scheinen – oder werden auch sie vielleicht in Lichtjahren zu andern Gestaltungen sich zusammenschließen?

Eines vergaßen wir: die aufgebrochene Erde atmet! Das müßte Hermann Hiltbrunner schildern. Überhaupt sei es Dichtern überlassen, zu künden, wie der Vorfrühling wirkt. Auch auf den Menschen, den wir ebenfalls als Glied der Natur auffassen.

Natur? Auch jene, die in starke Verlegenheit kämen, wenn man sie fragte, was dieses Wort bedeute und umfasse – Kellerassel bis Milchstraßen von Gestirnen –, fühlen in ihm irgendwie den Strom von Werden und Vergehen. Die Wurzel von »Natur« geht auf nascor, natus sum zurück, also gezeugt und geboren werden (naître). Doch in ihrer Bewertung gibt es die allergrößten Gegensätze von Vergöttlichung einerseits, Verteufelung anderseits. Man kennt die schwärmerische Liebe des heiligen Franz für Mond und Sonne, Baum, Bach, Vogel und Fisch, die er alle als Brüder und Schwestern begrüßt; auch Giordano Bruno schrieb, die Natur sei nichts anderes als Gott in den Dingen. Luther aber sah die Natur wie eine heidnische Göttin an: »Frau Hulda mit der Potznasen, die Natur, tritt hervor und darf ihrem Gott widerbellen.«

Auch den ersten Kirchenvätern galt die Natur als Dämon, mit dem sich zu beschäftigen Zeitvergeudung, ja geradezu Sünde sei. Einen uns befremdenden, fast zum »Widerbellen« reizenden Ausdruck fand diese asketische Einstellung im Hortus deliciarum, den Herrad von Landsperg im zwölften Jahrhundert malte und schrieb. Es gibt in diesem Buch das Bild einer Himmelsleiter, von der die Menschen irdischer Verlockungen wegen herabstürzen; man sieht da einen Ritter, der der Waffen, und eine Dame, die des Putzes wegen fällt; einem Kleriker werden reichbesetzte Tafel und eine »amica« zum Verhängnis; zuoberst aber stürzt ein greiser, weißbärtiger Einsiedler, weil er sein Herz zu sehr an die Blumen gehängt hat, denn die lateinische Erklärung besagt, ihre Pflege habe ihn mit überflüssigen Gedanken erfüllt und von Betrachtung des Göttlichen abgelenkt. – Wieder ganz andere, tiefste Naturauffassung spricht sich aus im Satz des Apostels Paulus von der Erlösungsbedürftigkeit aller Kreatur – eine Erkenntnis, die schon den Buddhismus ergriffen hatte und immer wieder edelsten Ausdruck fand; wir spüren diesen Gedanken z. B. im Büchlein »Mensch und Tier« von Max Huber oder künstlerisch gestaltet in der Vorfrühlings-»Blumenaue« im »Parsifal«.

Doch wann wäre denn »Vorfrühling«? Das Wort als solches erscheint als Titel eines Gedichts von Hofmannsthal, das aber die Natur eigentümlich beobachtet. Denn es beginnt: »Es läuft der Frühlingswind durch kahle Alleen« und glaubt dann zu sehen, wie er Akazienblüten niederschüttelt, was erst Monate später, wenn die Alleen vollbelaubt sind, möglich wäre. Auch bei unserem sonst so innig der Natur verbundenen von Salis stimmt etwas nicht, wenn er den »Gottesacker im Vorfrühling« schildert; da »lüpfen bleicher Primeln Keime sanft das Moos«, gleichzeitig aber neigt des Kirchhofs Flieder schon junges Laub auf die Grüfte, und der Kirschbaum blüht. – Solche Widersprüche wären bei Goethe vermieden; oft hat er die allerersten Frühlingstage besungen; »Tage der Wonne, kommt ihr so bald?« heißt es in »Frühzeitiger Frühling«. Vorsichtig, denn er kennt die Rückschläge bis zu den Eisheiligen, spricht er in den »Wahlverwandtschaften« von Tagen, da »der scheidende Winter den Frühling zu lügen pflegt«. Ganz bestimmt an ersten Vorfrühling dachte Mme de Sévigné, wenn sie am 26. Februar 1690 schrieb: »Nous avons un fort aimable temps, plus d'hiver, une espérance de printemps qui vaut mieux que le printemps.« Ist überhaupt nicht immer Hoffnung mehr als die Erfüllung? — Die so verschiedene Einschätzung scheint uns keineswegs durch den Klimaunterschied zwischen der Provence und Thüringen bestimmt, vielmehr dadurch, daß Goethe kontinentales Strahlungswetter liebte (wie R. Wagner), während die Französin das ozeanische vorzog (wie Schiller). Diesem Klima entspräche bei uns jenes vom Genfersee; eine der ergreifendsten Schilderungen des »Evangeliums des Werdens«, des Übergangs vom Winter in den Frühling gab Jakobsen: sein Däne Niels Lyhne erfuhr ihn in Clarens. Wir täuschten uns, wenn wir hofften, Vorfrühling zeitlich genau bestimmen zu können; es sind weder die Dichter einig, noch wäre es naturwissenschaftlich möglich, ihn festzulegen. Auch sprachlich gibt es keine Klarheit. Bis etwa 1460 war das Wort »Frühling« überhaupt kaum gebräuchlich. Noch Dasypodius (zweifellos der Thurgauer Hasenfratz!), der mit Zwingli Briefe wechselte und die Uhr des Straßburger Münsters erstellte, brauchte die Worte glentz, glänsz und lentz. Glentz wurde ganz verdrängt, Lenz beschränkte sich immer mehr auf die dichterische Sprache, etwa wie Hain für Wald. Es scheint, daß unter Frühling mehr und mehr die früheste Zeit der Entfaltung verstanden, Lenz eher mit Mai und der vollen Blütezeit gleichgesetzt wurde.

Doch was fragen wir nach wann und wo? *Jetzt* ist Vorfrühling! Langende Tage, Licht, Wärme, Luft künden ja deutlich genug von erwachendem Frühling mit den Hochzeitsvorbereitungen fast aller Pflanzen und der Paarungszeit der meisten Tiere; sogar Steine und Felsen glänzen und freuen sich, von Schneelasten befreit, der Sonne. Doch wie beim Werden einer großen Liebe braucht es wohl noch etwas Unbestimmbares, Geheimes, um auf einmal zu wissen: Ja, sie ist's! Oder in diesen Tagen: Oh! das ist ja wieder (oder noch einmal!) Frühling, ja, er ist's! Es ist der Augenblick eines über Zweifel erhabenen plötzlichen Bewußtwerdens. Auch wer siebzigmal die Wiederkehr des Frühlings erlebte, hätte nicht zwei genau gleiche erfahren. Je nach der Witterung – und zwar auch nach der meist schon vergessenen des Vorjahres, von dem die Aufbaustoffe für das neue Leben abhängen (wie von unserem früheren Tun und Lassen die Zukunft!) – können sich Blühen und Laubausbruch um drei, vier Wochen vorschieben oder verspäten. Und zutiefst hängen ja Freude und Leid, Vorfrühling wie Nachsommer von unserem Innern, von unserer eigensten Erlebensfähigkeit ab. Was hilft dem Traurigen heiterer Himmel? Naiv läßt unser Idyllendichter Geßner sein Hirtenpaar sich unterhalten; Damon: »Izt hab ich sechzehn Frühlinge gesehen, doch, liebste Phyllis! noch keiner war so schön wie der . . .« Und das Mädchen antwortet: »Und ich, ich hab izt dreizehn Frühlinge gesehen.« Ob Damon später noch ebenso schöne Lenze erlebt hat? – Eine Antwort vermag weder Idylle noch Meteorologie zu geben.

In seiner Dichtung vom »Landbau« schilderte vor zwei Jahrtausenden Vergil den Vorfrühling als Hochzeit zwischen Erde und Äther; er glaubte, daß in der Goldenen Zeit, »im Beginn des werdenden Weltalls«, nie Ostwind geweht und immer Lenz geleuchtet habe. Doch längst ist den ständig von Not, Krankheit und Kriegen bedrohten und gequälten Menschen nur der Trost geblieben, daß wenigstens in der Natur Jahr um Jahr frohes Leben erwacht und aufersteht.

ROBERT WALSER
SCHNEEGLÖCKCHEN

Eben schrieb ich einen Brief, worin ich kundgab, ich hätte einen Roman mit oder ohne Müh und Not fertiggebracht. Das stattliche Manuskript liege marschbereit in meiner Schublade. Der Titel sei bereits aufgesetzt und Packpapier vorhanden, um das Werk einzupacken und abzuschicken. Ferner habe ich einen neuen Hut gekauft, den ich aber vorläufig nur an Sonntagen tragen will, oder wenn Besuch zu mir kommt.

Kürzlich besuchte mich ein Pfarrer. Ich fand es nett und ganz richtig, daß er gar nicht nach seiner Amtsausübung aussah. Der Pfarrer erzählte mir von einem lyrisch begabten Lehrer. Ich habe mir vorgenommen, nächsthin zu Fuß durchs Frühlingsland zu dem Menschen hinzugehen, der Dorfschulkinder unterrichtet und nebenbei dichtet. Daß ein Lehrer sich mit Höherm abgibt und Tieferes erlebt, finde ich schön und natürlich. Er hat ja schon berufshalber mit etwas Ernstem zu tun: mit Seelen! Hiebei denke ich an das wundervolle »Leben des vergnügten Schulmeisterlein Maria Wuz in Auenthal, eine Art Idylle, von Jean Paul«, ein Buch oder Büchlein, das ich schon, ich weiß nicht, wie oft mit Genuß gelesen habe und wahrscheinlich immer wieder lesen werde. Hauptsache ist, daß es nun wieder zu frühlingeln beginnt. Da wird wohl da und dort ein gutklingender Frühlingsvers gelingen. Herrlich ist's, wie man jetzt gar nicht mehr ans Einheizen zu denken braucht. Dicke Wintermäntel werden ihre Rolle bald ausgespielt haben. Jeder wird froh sein, wenn er unbemäntelt umherstehen und -gehen darf. Gottlob gibt es noch Dinge, womit alle einig gehen und hübsch miteinander übereinstimmen.

Ich habe Schneeglöckchen gesehen; in Gärten und auf dem Wagen einer Bäuerin, die zu Markt fuhr. Ich wollte einen Busch davon kaufen, dachte aber, es schicke sich für einen stämmigen Menschen, wie ich bin, nicht recht, nach so zartem Wesen zu fragen. Sie sind süß, diese schüchternen ersten Ankündiger von etwas, das von aller Welt geliebt wird. Alle lieben ja den Gedanken, daß es Frühling werden will.

Das ist ein Volksschauspiel, und der Eintritt kostet keinen Rappen. Die Natur, der Himmel über uns, treibt nicht üble Politik, daß er das Schöne allen, ohne Unterschied, schenkt, und nicht etwa alt und defekt, sondern frisch und wohlschmeckend. Schneeglöcklein, wovon redet ihr? Sie reden noch vom Winter; dabei aber doch auch schon vom Frühling; sie reden vom Vergangenen, doch dabei schon keck und fröhlich vom Neuen. Sie reden vom Kalten und dabei doch schon vom Wärmern; sie reden von Schnee und zugleich· von Grün, von keimendem Wachstum. Sie reden von diesem und jenem; sie sagen: Noch liegt am Schatten und auf Höhen ziemlich viel Schnee, aber an der Sonne ist er bereits geschmolzen. Noch kann allerlei Rauhes daherfahren. Dem April ist nicht recht zu trauen. Aber das Erwünschte wird trotzdem siegen. Wärme wird sich überall geltend machen.

Schneeglöckchen lispeln allerlei. Sie erinnern an Schneewittchen, das in den Bergen, bei den Zwergen, freundliche Aufnahme fand. Sie erinnern an Rosen, darum, weil sie anders sind. Alles erinnert stets an sein Gegenteil.

Nur hübsch ausharren. Das Gute kommt schon. Gutes ist uns immer näher, als wir glauben. Geduld bringt Rosen. Dieser alte, gute Spruch fiel mir ein, als ich letzthin Schneeglöckchen sah.

ROBERT WALSER
DAS VEILCHEN

Es war ein dunkler, warmer Märzabend, als ich durch das reizende, gartenreiche Villenviertel ging. Vielerlei Menschenaugen hatten mich schon gestreift. Es war mir, als schauten die Augen mich tiefer und ernster an als sonst, und auch ich schaute den vorübergehenden Menschen ernster und länger in die Augen. Vielleicht ist es der beginnende Frühling mit der wohllüstigen warmen Luft, der in die Augen einen höheren Glanz legt und in die Menschenseelen einen alten und neuen Zauber. Frauen nehmen sich in der Frühlings- und Vorfrühlingsluft mit den weichen Brüsten, die sie tragen, und von denen sie gehoben und getragen werden, wunderbar aus. Die Gartenstraße war schwärzlich, aber sehr sauber und weich. Es kam mir vor, und ich wollte mir einbilden, ich gehe auf einem weichen, kostbaren Teppich. Voll Melodien schien die Atmosphäre. Aus der dunklen geheimnisvollen Gartenerde streckten schon die ersten Blumen ihre blauen und gelben und roten Köpfchen schüchtern hervor. Es duftete, und ich wußte nicht recht nach was. Es schwebte ein stilles, angenehmes Fragen durch die süße, dunkle, weiche Luft. Ich ging so, und indem ich ging, schmeichelte sich ein zartes unbestimmtes Glücksgefühl in mein Herz hinein. Mir war zumute, als gehe ich durch einen herrlichen, lieben und uralten Park, da kam eine schöne, junge, zarte Frau auf mich zu, violett gekleidet. Anmutig war ihr Gang und edel ihre Haltung, und wie sie näher kam, schaute sie mich mit rehartig-braunen Augen seltsam scheu an. Auch ich schaute sie an, und als sie weiter gegangen war, drehte ich mich nach ihr um, denn ich konnte der Lust und dem hinreißenden Verlangen, sie noch einmal, wenn auch nur im Rücken, zu sehen, nicht widerstehen. Wie eine Phantasieerscheinung glitt die reizende Gestalt mehr und mehr in die Ferne. Ein Weh durchschnitt mir die Seele. »Warum muß sie davongehen?« sagte ich mir. Ich schaute ihr nach, bis sie im zunehmenden Abenddunkel verschwand und wie ein süßer, übersüßer Duft verduftete. Da träumte ich vor mich hin, es sei mir ein großes, frauenförmiges Veilchen begegnet mit braunen Augen, und das Veilchen sei nun verschwunden. Die Laternen indessen waren schon angezündet und strahlten rötlich-gelb in den blassen Abend. Ich ging in mein Zimmer, zündete die Lampe an, setzte mich an meinen altertümlichen Schreibtisch und versank in Gedanken.

KALENDERBLATT
MÄRZ

Nach dem Kalender beginnt der Frühling am 21. März, doch den ersten Spaziergang wagt man schon früher. Am Gertrudentag, 17. März, beginnt man den Garten zu bestellen. In Süddeutschland begeht man am 19. März den Josefstag. Mariä Verkündigung am 25. März bemerkt selbst der Ungläubige, weil ihm der alte Bauernspruch geläufig ist: »Zu Mariä Verkündigung, kommen die Schwalben wiederum.«

Die letzten Sonntage der Fastenzeit haben verheißungsvolle Namen: Oculi und Laetare. Es geht Ostern zu. Wenn Ostern in den April fällt, wird es eher ein »grünes« als ein »weißes Ostern«.

Reime auf den Beginn des jeweiligen Eingangsliedes der Meßfeier (Introitus) des zweiten bis vierten Fastensonntags und des Weißen Sonntags:

Reminiscere: Nach Schnepfen suchen geh!

Oculi: Da kommen sie!

Laetare: Das ist das Wahre!

Quasi Modo Geniti: Halt, Jäger, halt, jetzt brüten sie!

MÄRZLIED

Nun, da Schnee und Eis zerflossen
Und des Angers Rasen schwillt,
Hier an roten Lindenschossen
Knospen bersten, Blätter sprossen,
Weht der Auferstehung Odem
Durch das keimende Gefild.

Veilchen an den Wiesenbächen
Lösen ihrer Schale Band;
Primelngold bedeckt die Flächen;
Zarte Saatenspitzen stechen
Aus den Furchen; gelber Krokus
Schießt aus warmem Gartensand.

Alles fühlt erneutes Leben:
Die Phalänen, die am Stamm
Der gekerbten Eiche kleben,
Mücken, die im Reigen schweben,
Lerchen, hoch im Ätherglanze,
Tief im Tal das junge Lamm!

Seht! erweckte Bienen schwärmen
Um den frühen Mandelbaum;
Froh des Sonnenscheins, erwärmen
Sich die Greise; Kinder lärmen
Spielend mit den Ostereiern
Durch den weißbeblümten Raum.

Sprießt, ihr Keimchen aus den Zweigen,
Sprießt aus Moos, das Gräber deckt!
Hoher Hoffnung Bild und Zeugen,
Daß auch wir der Erd entsteigen,
Wenn des ewgen Frühlings Odem
Uns zur Auferstehung weckt!

JOHANN WOLFGANG GOETHE
FRÜHLING ÜBERS JAHR

Das Beet schon lockert
Sich's in die Höh',
Da wanken Glöckchen
So weiß wie Schnee;
Safran entfaltet
Gewalt'ge Glut,
Smaragden keimt es
Und keimt wie Blut.
Primeln stolzieren
So naseweis,
Schalkhafte Veilchen
Versteckt mit Fleiß;
Was auch noch alles
Da regt und webt,
Genug, der Frühling
Er wirkt und lebt.

Doch was im Garten
Am reichsten blüht,
Das ist des Liebchens
Lieblich Gemüt.

Da glühen Blicke
Mir immerfort,
Erregend Liedchen,
Erheiternd Wort.
Ein immer offen,
Ein Blütenherz,
Im Ernste freundlich
Und rein im Scherz.
Wenn Ros' und Lilie
Der Sommer bringt,
Er doch vergebens
Mit Liebchen ringt.

NIKOLAUS LENAU
AM GRABE HÖLTYS

Hölty! dein Freund, der Frühling, ist gekommen!
Klagend irrt er im Haine, dich zu finden;
Doch umsonst! sein klagender Ruf verhallt in
   Einsamen Schatten!

Nimmer entgegen tönen ihm die Lieder
Deiner zärtlichen schönen Seele, nimmer
Freust des ersten Veilchens du dich, des ersten
   Taubengegirres!

Ach, an den Hügel sinkt er deines Grabes
Und umarmet ihn sehnsuchtsvoll: »Mein Sänger
Tot!« So klagt sein flüsternder Hauch dahin durch
   Säuselnde Blumen.

Frühling ist's, ich laß es gelten,
Und mich freut's, ich muß gestehen,
Daß man kann spazierengehen,
Ohne just sich zu erkälten.

Störche kommen an und Schwalben,
Nicht zu frühe, nicht zu frühe!
Blühe nur, mein Bäumchen, blühe!
Meinethalben, meinethalben!

Ja! ich fühl' ein wenig Wonne,
Denn die Lerche singt erträglich,
Philomele nicht alltäglich,
Nicht so übel scheint die Sonne.

Daß es keinen überrasche,
Mich im grünen Feld zu sehen!
Nicht verschmäh' ich auszugehen,
Kleistens »Frühling« in der Tasche.

Es läuft der Frühlingswind
Durch kahle Alleen,
Seltsame Dinge sind
In seinem Wehn.

Er hat sich gewiegt,
Wo Weinen war,
Und hat sich geschmiegt
In zerrüttetes Haar.

Er schüttelte nieder
Akazienblüten
Und kühlte die Glieder,
Die atmend glühten.

Lippen im Lachen
Hat er berührt,
Die weichen und wachen
Fluren durchspürt.

Er glitt durch die Flöte
Als schluchzender Schrei,
An dämmernder Röte
Flog er vorbei.

Er flog mit Schweigen
Durch flüsternde Zimmer
Und löschte im Neigen
Der Ampel Schimmer.

Es läuft der Frühlingswind
Durch kahle Alleen,
Seltsame Dinge sind
In seinem Wehn.

Durch die glatten
Kahlen Alleen
Treibt sein Wehn
Blasse Schatten.

Und den Duft,
Den er gebracht,
Von wo er gekommen
Seit gestern nacht.

RAINER MARIA RILKE
VORFRÜHLING

Härte schwand. Auf einmal legt sich Schonung
an der Wiesen aufgedecktes Grau.
Kleine Wasser ändern die Betonung.
Zärtlichkeiten, ungenau,

greifen nach der Erde aus dem Raum.
Wege gehen weit ins Land und zeigens.
Unvermutet siehst du seines Steigens
Ausdruck in dem leeren Baum.

MAX DAUTHENDEY
DIE AMSELN HABEN SONNE
GETRUNKEN

Die Amseln haben Sonne getrunken,
Aus allen Gärten strahlen die Lieder,
In allen Herzen nisten die Amseln,
Und alle Herzen werden zu Gärten
Und blühen wieder.

Nun wachsen der Erde die großen Flügel
Und allen Träumen neues Gefieder,
Alle Menschen werden wie Vögel
Und bauen Nester im Blauen.

Nun sprechen die Bäume in grünem Gedränge
Und rauschen Gesänge zur hohen Sonne,
In allen Seelen badet die Sonne,
Alle Wasser stehen in Flammen,
Frühling bringt Wasser und Feuer
Liebend zusammen.

In dieser Märznacht trat ich spät aus meinem Haus.
Die Straßen waren aufgewühlt von Lenzgeruch und
grünem Saatregen.
Winde schlugen an. Durch die verstörte Häusersenkung
ging ich weit hinaus
Bis zu dem unbedeckten Wall und spürte: meinem Herzen
schwoll ein neuer Takt
entgegen.

In jedem Lufthauch war ein junges Werden ausgespannt.
Ich lauschte, wie die starken Wirbel mir im Blute rollten.
Schon dehnte sich bereitet Acker. In den Horizonten
eingebrannt
War schon die Bläue hoher Morgenstunden, die ins Weite
führen sollten.

Die Schleusen knirschten. Abenteuer brach aus allen
Fernen.
Überm Kanal, den junge Ausfahrtwinde wellten, wuchsen
helle Bahnen,
In deren Licht ich trieb. Schicksal stand wartend in
umwehten Sternen.
In meinem Herzen lag ein Stürmen wie von aufgerollten
Fahnen.

GOTTFRIED BENN
MÄRZ. BRIEF NACH MERAN

Blüht nicht zu früh, ach blüht erst, wenn ich komme,
dann sprüht erst euer Meer und euren Schaum,
Mandeln, Forsythien, unzerspaltene Sonne –
dem Tal den Schimmer und dem Ich den Traum.

Ich, kaum verzweigt, im Tiefen unverbunden,
Ich, ohne Wesen, doch auch ohne Schein,
meistens im Überfall von Trauerstunden,
es hat schon seinen Namen überwunden,
nur manchmal fällt er ihm noch flüchtig ein.

So hin und her – ach blüht erst, wenn ich komme,
ich suche so und finde keinen Rat,
daß einmal noch das Reich, das Glück, das fromme,
der abgeschlossenen Erfüllung naht.

BERTOLT BRECHT
DAS FRÜHJAHR

I

Das Frühjahr kommt.
Das Spiel der Geschlechter erneuert sich
Die Liebenden finden sich zusammen.
Schon die sacht umfassende Hand des Geliebten
Macht die Brust des Mädchens erschauern.
Ihr flüchtiger Blick verführt ihn.

2

In neuem Lichte
Erscheint die Landschaft den Liebenden im Frühjahr.
In großer Höhe werden die ersten
Schwärme der Vögel gesichtet.
Die Luft ist schon warm.
Die Tage werden lang und die
Wiesen bleiben lang hell.

3

Maßlos ist das Wachstum der Bäume und Gräser
Im Frühjahr.
Ohne Unterlaß fruchtbar
Ist der Wald, sind die Wiesen, die Felder.
Und es gebiert die Erde das Neue
Ohne Vorsicht.

JAKOB HARINGER
NIE VERGESS ICH DEN SCHÖNEN
JOSEFSTAG . . .

Wenn deine Augen vor lauter Weh nichts mehr sehn,
Sollst du doch einmal zum heiligen Josef hingehn.
Ganz draußen bei Nazareth steht ein verfallenes Haus,
Schon von weitem hörst du sein Singen und Hobeln
                                            daraus.
Aber er läßt gleich Singen und Hobeln beiseit
Und ist ganz Ohr für all deinen Kummer und Leid.
Vielleicht schimpft er ein bißchen, so wie ein guter
                                            Kamerad,
Aber du gehst nicht davon ohne Trost und Hilfe und Rat.

O schreib ihm nur alles auf, was du brauchst, was dich
rettet,
Und alles löst er dann milde, was dich schmerzt und so
kettet.
Lieber heiliger Josef, du herzensguter Mann,
Jetzt wo mir kein Engel mehr helfen kann –
Schenk meinem Kummer für ein Weilchen Herzruh!
Lieber heiliger Josef, du lieblicher Heiliger du,
Keiner weiß wie du, wie sehr wir arm sind und müd,
Und daß niemand bei uns, ehe es Abend wird . . .
Keiner weiß es so sehr, wie wir heimatlos und verirrt,
Und das Herz doch so gerne Sonne und Sterne sieht –
Und bist du schon weit fort, hörst du sein Singen
wieder . . .
Maria aber näht still unter Rosen und Veilchen und
Flieder.

KONRAD WEISS
VERKÜNDIGUNG

Als Maria, da der Engel ihr
Jungfrauengemach verlassen, schier,
wie die Flut ihr Herz hinuntertrank,
hinverlöschend durch des Weinens Gier
auf das Kissen, wo sie kniete, sank,

da, noch eh der Tau vom Auge brach,
sah sie, daß vorm Fenster – ihr Gemach
wurde hell davon – ein Baum im Reif
stand, wie knospet Gold durch Wasser, sprach
sie, die weiße Flamme. – Herz begreif!

Und blicken die Fenster noch winterblind,
Schon singt in der Stube des Bruders Kind,
In der Kammer kämmt sich die Magd,
Die Schwalbe den Frühling ansagt.

Die Mutter zieht an ihr seidenes Kleid,
Die Mutter vergißt heute Sorge und Leid.
Was nützet die Sorge? Was bringet die Plag?
Auf goldenen Glocken schwanket der Tag.

Aus ehernen Schalen der Weihrauch steigt.
Der Priester die Monstranze zeigt.
Am Turm der Sturm die Fahnen schwellt.
In höllische Flammen der Satan fällt.

CHRISTIAN WAGNER
DIE STÖRCHE

Mutter, die Störche sind da! So jubeln herein in die
Stube
Heute die Kinder, es steht dampfend das Essen
bereit.
Kaum sie es achten, es ist ein jegliches satt von der
Botschaft:
Da sind die Störche! – Hinab polterts der Kirche
nun zu.

42

In das große, graue Himmelstuch
Ist ein blauer Streif gerissen.
Aufgeschlagen wie ein Buch
Liegt der Acker. Die zu lesen wissen

Lesen: Frühling! in der groben Schollenschrift.
Ackerfurchen sind wie krumme Zeilen,
Pappeln Ausrufzeichen, und zuweilen
Setzen Tümpel, die ein Lichtstrahl trifft

Hinter einen Satz den Punkt.
Die Scheune mit dem grünen Dach,
Auf Bretterfüßen, morsch und schwach,
Ist von einem Lichterkranz umprunkt.

Drei Krähen, schwarz und in Talaren,
Hocken auf dem Heckenband.
Schlag in die Hand! In Federwindfanfaren
Schaukeln sie zum nächsten Ackerrand.

Ihre schwarzen Schatten schwanken
Spukhaft überm Wasserloch,
Wo sie krächzend niedersanken,
Sich schnell die Maus in ihren Höhlengang
                            verkroch.

GÜNTER EICH
MÄRZ

Manche hoffen noch,
das Jahr werde hier enden.
Aber die Abflüsse des Schnees
sind ohne Mitleid.

Schwarz von Schlaf
das Fell des Maulwurfs.
Ihm, der dir zugetan ist,
vergehen die Wochen,
während das Hagelkorn
auf deinem Handrücken schmilzt.

In eine Schiefertafel eingegraben
kehrt die Kindheit zurück:
Das Gras richtet sich auf und horcht.

DIETER HOFFMANN
TRAUERWEIDEN

Die Trauerweiden
haben starke Wurzeln
und reißen Mauern ein.

Man setzt sie gern an Flüsse.

Ja, alles fließt.
Wie Tränen.

Sie grünen früh im Jahr.

SARAH KIRSCH
MÄRZ

Weiße Zähne die
Schneeglöckchenzwiebeln beim Graben
Schwarz schwarz das Erdreich o weh
Sagt mein Kind wenn es das Wort
Gras rückwärts liest oder Leben

KARL KROLOW
GEMEINSAMER FRÜHLING

Das haben wir nun
wieder alles gemeinsam:
einen singenden Baum
mit Vögeln statt Blättern,
die Brennesselkur, den Aufguß
von Huflattich,
das gemeinsame Motiv,
die kollektive Luft.

Uns gehören
die Tauben auf dem Dach.
Die Dose Bier
schmeckt wieder im Freien.
Nun muß sich alles, alles
wenden.

Die leeren Seiten
füllen sich mit Bedeutung.
Das Schreiben über den Frühling
macht allen Spaß.

BOGUMIL GOLTZ
DIE ANKUNFT DER STÖRCHE

Wenn ich so diese Glückseligkeit und prophetische Hell-
seherei aus den Tagen der Kindheit in mir zurückrufe, so
bemüh ich mich vergebens, irgendeine hervorstechende
Veranlassung oder sonst etwas herauszufinden, das auch
heute noch für einen erwachsenen Menschen ein besonde-
res Reizmittel, Schauspiel oder Abenteuer sein möchte.
Es war der unentweihte, frische, jungfräuliche, heilige
Lebensstrom, der mich dahintrug und in mir seine krausen Wellen schlug; die Naturseele, der Gott der Natur war
es, der aus mir weissagte, der in meinen Pulsen zuckte und
in meinem Herzen schlug, in allen meinen Fibern bebte
und mir das Gemeinste zum Idealsten und Göttlichsten
verklärte. War demnach einmal dieser so heiß ersehnte
und lang vorweggenommene Frühling nur einen Tag, nur
eine Stunde, einen Augenblick wirklich hereingebrochen,
so konnte er hinterdrein noch einen Monat wieder fortblei-

ben, wir hatten ihn dennoch für unsre Seelen in Beschlag genommen und sagten es dem Winter, dem Frost, dem Regen, dem Schmutzwetter ins Gesicht, daß der Frühling dahinterstecke. Wir witterten ihn aus allen Gestalten und Phasen, aus jeder Verbindung und in jedem homöopathischen Atomchen heraus. Er konnte sich uns nicht entziehn. Wir hatten es den Lerchen und den Störchen abgesehn, die den Frühling ankündigen, machen und einhalten, bevor er noch da ist, und wenn er auch Wochen lang Verstecken spielt. Und diese Störche, mit welchen Empfindungen, mit welchem stillen und lauten Jubel zugleich wurden sie begrüßt! Welche Sicherheit und Solidität gaben diese Vögel der ganzen Frühlingsfeier und Erwartung! Nun wußte man endlich, woran man war. Jetzt hatte die Sache Grund. Der Storch hatte gleichsam sein *visa* unter den Frühlings-Paß und unter unsere Frühlings-Verkündigung geschrieben; und nun war kein Haltens mehr.

An dem Tage, wo die Störche ins Dorf kamen, blitzte der Frühling durch Regen und Schnee, an diesem Tage schien die Sonne durch die trübste Luft und die dicksten Wolken, an diesem Tage und an jedem folgenden war der Frühling, ähnlich dem Sonntage, nicht bloß draußen und in unseren Seelen, sondern überall in Kisten und in Kasten, im Keller und auf dem Boden, und wenn man ein Stock war, man mußte frühlingsgemäß aussehn und empfinden. Von dem ersten Augenblick an, der ein Frühlingsblick war, wurde, was in unsern Kräften stand, Kleidung und Spiel ganz frühlingsgerecht eingerichtet, dafür war der Storch da. Somit konnte es nicht an Wärme fehlen, und gleichwohl haben wir auch in Westpreußen schon ein Klima, wo, wie ein alter Rittmeister (mein verstorbner Bruder) zu sagen pflegte: »Die Nachtigallen auf Strümpfen gehn«!

Was es mit unsrer Winterkleidung damals für eine Be-
wandtnis hatte, das weiß ich sowieso nicht. Ich für meine
Person kann mich wenigstens gar nicht besinnen, so recht
was Warmes und Solides auf dem Leibe gehabt zu haben.
Ein Mantel war mir und meinen Spielkameraden eine
unbekannte Größe. Von einem tuchnen Überrock weiß ich
auch nichts zu erzählen, nur von einer Tuchjacke und über
dem Knie ewig geflickten Tuchhosen, beides ohne Nacht-
jacke und Unterbeinkleider und ebenso ohne Hand-
schuhe, wie ich versichern kann. Mit der Mütze mußte uns
nicht selten das Dienstmädchen oder der Hausknecht
nachlaufen, so gerne vergaßen wir sie. Es war einem kalt,
aber auch nicht kalt, denn man war nun einmal glücklich
und sorgenlos und überselig, wenn man nur irgend den
Lebensprozessen und Hantierungen der Erwachsenen beiwohnen oder an ihnen gar werktätig teilnehmen durfte.

Aus: Buch der Kindheit

FRIEDRICH RATZEL
EIN SCHÖNGESCHWUNGENES L

Ich pflanzte vielerlei in diesem Frühling, ein Apotheker-
garten trägt alle die Würzpflanzen, deren Pflege Karl der
Große in einem berühmten Briefe seinen Gutsverwaltern
ans Herz gelegt hat, und dazu noch vieles andre, was die
Zeit dazugefügt hat. Außerdem sind die Apothekersleute
Menschen wie andre, die Gemüse und Salate, Rettiche
und Gurken, Lauch und Zwiebeln brauchen. Das alles ist
beetweise abgeteilt, und während einiges fortwächst, wie
es gesät wurde, sät man andres in besondre geschützte
Kastenbeete, aus denen dann die Pflänzlinge, wenn sie

stark geworden sind, ins freie Land verpflanzt werden. Kressen gehören zu den Gartenpflanzen, die man am frühesten aussät; wenn der Winter früh gegangen ist, vertraut man die kleinen rotbraunen Körnchen schon in den letzten Tagen des Februars der Erde an. Man sät sie, um einen frühen Ostersalat zu haben, und weil ihr Grün früh die braunen Beete verschönt.

So wie der Malerlehrling, der zum erstenmal einen vollen Pinsel in die Hand bekommt, an die nächste beste Wand unfehlbar die Linien kleckst, die ihm gerade als schaffenswert vorschweben, so trieb es mich, von der Keimkraft der Körnchen, die mir anvertraut waren, den schönsten, besten Gebrauch zu machen. Wie oft schon hatte ich der unverständigen Neigung nachgegeben, *ihren* Namen dorthin zu schreiben, wohin die Sonnenstrahlen ihn zu lesen kamen. Und so säte ich denn, oder es säte ein Wille in mir, der halb Spieltrieb war, ein schöngeschwungnes L auf ein noch freies Beet. Nach zehn warmen Frühlingstagen, die ein kräftiger Regen unterbrach, sah ich die winzig kleinen Doppelblättchen der Sämlinge hervorkeimen, alle rundlich, auseinandergefaltet, wie bittende Händchen, in deren Mitte dann erst die zerschnittenen und krausen Blättchen der Gartenkresse wie zierliche grüne Blütchen aufknospten. Dazwischen kamen junge Gräser, die senkrecht wie ganz feine grüne Linien, ein Heer von Spießen, erschienen; manche waren auch zusammengebogen, und die Spitze konnte sich nur freimachen, indem sie die dunkle Erde mit Schnellkraft empor und beiseite schob. Mein erster Gedanke war Freude über das gelungene Werk. Wenn das so fortsproßte, mußte das L bald sichtbar sein, und schon sah man einige Umrisse seiner Bogenlinien. Den nächsten Tag war es schon fast zu erkennen. Da kam mir eine Art Scham über die unzarte Entschleierung eines tiefen Gefühls, verschärft durch

Zweifel, wie Luise meine Freiheit aufnehmen werde; und zum erstenmal dachte ich daran, daß alle es sehen würden, und was ich antworten würde, wenn sie fragten: Warum? Ich trat an das Beet heran und sah die Pflänzchen und Keime zerstreut stehn und die braune Erde dazwischen vorschauen; da war kein L zu sehen, ich schöpfte die Hoffnung, es sei nicht aufgegangen. Aber wenn ich zurücktrat, da leuchtete der liebe, gefürchtete Buchstabe mich verhängnisvoll deutlich an, und der folgende Tag verscheuchte jeden Zweifel. Nun mußten es auch die sehen, denen es im Grunde gleichgültig sein konnte, ob ein L oder ein X, für die aber die Frage von brennendem Interesse war: ›Wer hat den Buchstaben hingesät? Und was hatte er für eine Absicht dabei?‹

Des Mittags nach der Suppe kam die Frage, die kommen mußte. »Wer hat nur die Kressen in so sonderbaren Schnörkeln gesät? Die Hälfte des Beetes ist leer. Das ist sehr unökonomisch und hat doch gar keinen weitern Zweck.« Also sprach der Mann mit der Schraube und rückte seine Mütze aufs Ohr. – »Die Kressen habe ich gesät«, antwortete ich mit einer Stimme, von der ich mir später vorredete, sie sei eisig gewesen; vielleicht zitterte sie jedoch etwas, denn ich fühlte mein Herz so gegen die Tischkante pochen, daß ich von ihr abrückte in der Furcht, der Tisch mit allem, was darauf war, werde ins Pulsieren und Klirren kommen. – »Und warum haben Sie das Beet nicht vollgesät?« – Ich hätte nun antworten können: ›Weil der Samen nicht reichte‹, schämte mich aber jeder Ausflucht. – »Es kam mir so der Gedanke, es sei schöner, auch einmal eine Figur hineinzusäen.« – »Und was soll es denn vorstellen?« – »Das weiß ich augenblicklich selbst nicht, es wird mir erst einfallen, wenn es weiter heraus ist.«

Die fragende Miene des Inquisitors belehrte mich, daß

er das L noch nicht so bestimmt gesehen hatte wie ich. Die praktische Erwägung seiner Hausfrau: »Das gibt nicht einmal eine ordentliche Schüssel voll Salat!« schloß brummend das Verhör. Aber im Aufstehn vom Tisch, das ich heute beeilte, traf mich ein so neckischer Blick aus Luisens Auge, daß ich meinte, es träte der allerhellste Stern hinter Wolken vor. ›Sie weiß es, was kümmern mich die andern; und sie zürnt nicht!‹

Wir lehnten den Nachmittag an der Brücke, die über den Bach rechter Hand in den Garten führt; an dem leuchtenden Frühlingssonnentag war es eine Wohltat, den Bach entlang über den dunkeln Wasserspiegel hinzusehen, auf den Erlen niederhingen, deren Laub noch nicht schwarzgrün wie im Sommer war. – »Sehen Sie, wie ernst im hellgrünen Glanze die schwarzen Früchtchen stehn? Das ist gerade das Gegenteil von dem, wie es am Abend hier aussieht, wenn die Sterne in dem schweigenden Wasser liegen wie eingesprengtes Gold in einem ganz dunkeln Kristall.« – Solcherlei und anderes, meist wohl ziemlich weit Hergeholtes, sprach ich zu dem Mädchen, das nicht viel antwortete, aber nicht ungern zuzuhören schien. Ich hatte mit der Zeit das Gefühl, daß das ein Herumreden sei. Das blaue Auge richtete sich sehr hell auf mich, aber nicht so völlig kristallhaft kalt, wie es wohl blicken konnte; ich dachte an einen ganz hellen Saphir, den ich auf dunkelm Sammet hatte liegen sehen. Ihre Lippen öffneten sich nicht, sie wußten wohl, daß die Frage dieses Auges mir nicht unverstanden blieb; auch meine Lippen waren versiegelt, aber mein Auge sagte: ›Ja, ich habe das L gesät‹, und die Röte, die ich in den Wangen fühlte, bekräftigte es: ›Ja, er hat wirklich die Keckheit gehabt.‹ So sahen wir uns an, und ich weiß nicht, warum ich meinen Blick nicht von dem ihren lösen konnte. Es war ein unbestimmtes Vertrauen, dessen ich aus diesem Auge nicht genug schöpfen konnte. Und endlich brach es wie ein Quell hervor: »Wie schön ist es doch, daß Sie jetzt da sind, wo die Sonne jeden Tag heller und wärmer scheint, Fräulein Luise. Es wurde vorher schon schön und gut von dem Augenblick an, wo Sie kamen, und nun wird jeder Tag herrlicher. Für mich sind Sie der einzige Mensch, an den ich mich hier anschließen konnte, Sie sind jung . . .« – »Aber nicht so jung wie Sie, Fritz«, warf sie lächelnd ein. – ». . . und haben nichts mit dem Geschäft zu tun, Sie kommen aus meiner Stadt und kennen sogar die Straße, wo meine Eltern wohnen, für das alles bin ich Ihnen dankbar. Ich weiß wohl, daß das Dinge sind, die Sie ganz gleichgültig lassen, Sie sollen sich auch gar nicht darum kümmern, Sie haben ja besseres zu tun. Aber wenn ichs kurz sagen soll, ich freue mich eben einfach, daß Sie da sind, sehen Sie, es ist nicht anders, als wenn wir jetzt morgens einen so recht dicken Strauß Anemonen in das alte dunkle Apothekenzimmer stellen, das leuchtet wie ein Sonnenstrahl, und alles nimmt von dem Licht der frohen Blumen an und wird selbst hell und froh davon. Der Blumenstrauß allein weiß nichts davon. So, Fräulein Luise, ist es mit Ihnen.«

Luisens Auge lachte hell, als sie sagte: »Es ist ja recht schmeichelhaft, mit einem ganzen Strauß Frühlingsblumen verglichen zu werden. Mir wäre es genug, wenn Sie mich mit einer einzigen Blume verglichen.«

»Nein, das geht nicht«, sagte ich; »wegen des Lichts muß es ein Strauß sein, denn im Vergleich mit der Freude, die aus ihrem Gesicht auf die Welt ausgeht, ist *eine* Anemone nur Dämmerung. Nein, es muß etwas Leuchtendes sein, was man mit Ihrem Angesicht vergleicht.«

Luise errötete, wollte nicht weiter darüber geredet haben, ob Strauß oder Blume, sondern fragte mit demselben schelmischen Lächeln, das ich vorhin über ihr Gesicht hatte gleiten sehen: »Ist es wirklich ein L, das Sie mit

Kresse angesät haben?« – »Ja, und Ihr L, nur Ihres, das höchste L, das es gibt. Mit Kressensamen, der es schnell verrät, sät ich es gern auf jedes frische Beet.«

»Nicht weiter«, fiel mir Luise ins Wort, und ich verstummte, im stillen halb und halb erstaunt, mich freuend über meine eigne Kühnheit. Als aber nun Luise mit kühler, absichtlich gesetzter, fast geschäftsmäßiger Stimme sagte: »Es ist nun da und wächst. Was tut man damit? Zum Ausroden ist es zu spät!«, bewunderte ich, wie so oft schon, ihre ruhige Überlegenheit und wollte nicht zurückbleiben: »Befehlen Sie es, so rode ich es doch noch aus.«

»Dazu ist es schon zu spät. Man hat den Buchstaben einmal erkannt. Die Frage ist nur: Was tun wir damit? Onkel, Tante, die Köchin Kathi und alle, die in den Garten kommen, sehen es, und bei diesem Wetter wird es jeden Tag auffallender, nächstens« – und sie lächelte höchst liebenswürdig – »wird es wie ein Transparent in die Welt hinausleuchten. Ich frage Sie, was fangen wir damit an, ehe es uns über den Kopf wächst?«

Ich wußte keinen Rat, meinte aber, die Sache sei gar nicht so gefährlich; jetzt, wo ich wisse, daß sie es nicht mißverstehe und mir nicht zürne, nähme ich es gern auf mich, möchten doch die andern sagen, was sie wollten.

Fräulein Luise schien nicht damit einverstanden zu sein, das grünende L so auf die leichte Schulter zu nehmen. »Man wird fragen, warum Sie den Anfangsbuchstaben gerade meines Namens hingesät haben, warum nicht des Ihrigen? Ein F ist gerade so leicht zu säen wie ein L, und gewöhnlich verewigen doch die Leute am liebsten ihren eigenen Namen.«

»Fräulein Luise, Sie wissen ja jetzt, warum ich es getan habe. Ich konnte wahrlich nicht anders.«

»Mein Onkel wird es kaum glauben, und Tante sicherlich nicht, sie werden annehmen, Sie seien in mich verliebt!« –

Dabei errötete sie sehr lieblich, wirklich anemonenhaft, und ich fand es sehr lieb, daß sie diese Worte so zögernd aussprach, gerade weil sie dabei noch mehr errötete. Zum Glück war aber mein Gewissen ganz rein. Verliebt? Kein Gedanke. Ich konnte ihr mit der offensten Miene von der Welt antworten: »Von Liebe ist keine Spur dabei, dafür stehn Sie viel zu hoch über mir. Mein Ehrenwort, daß ich auch nicht mit einem Gedanken daran gedacht habe, als ich die gefährlichen Körnlein da ausstreute. Warum soll man denn nur den Namen einer Geliebten mit Kressensamen auf ein frisches Beet streuen können, und nicht den eines Freundes, einer Freundin? Muß denn überall Liebe mit dabei sein? Wäre ich Kressensamen, ich verbäte mir, so ohne weiteres und einseitig immer nur mit Liebe verbunden zu werden. Ich habe einmal von der Liebe gelesen, daß, wenn sie einmal gekommen ist, sie wächst und wächst, wie die Flut, überall hindringt, alles ausfüllt. Das muß wahr sein, denn überall liest, überall hört man von ihr, und die reinste, selbstloseste Freundschaft muß sich für Liebe beargwöhnen lassen. Ich weiche dieser Flut nicht, und wenn ich so einsam vor ihr stünde wie die Felsenklippen vor Helgoland.«

Ich muß wohl bei dieser Rede wider die Liebe etwas pathetisch geworden sein und die Hand aufs Herz gelegt haben, denn Luise bat mich lachend, keine so bedenklichen Gebärden zu machen. Aber ich war glücklich, einmal so offen reden zu dürfen. War es doch nicht bloß ein Bekenntnis an das Mädchen, sondern die Aussprache einer jugendlichen, selbsterrungnen Anschauung von Dingen, die mir die wichtigsten erschienen.

»So tief wie Paris unter den Helden der Ilias steht mir die Liebe unter der Freundschaft. Mögen die Dichter sie in krankhaften Versen besingen, die Freundschaft steht mir in jeder Hinsicht höher, und das ist es, wenn ichs denn offen sagen soll und darf, was ich für Sie empfinde, aber ich würde durchs Feuer für Sie gehen.«

Aus: Jugenderinnerungen

GOTTFRIED KELLER
WIEDERUM FRÜHLING

Der Frühling war gekommen; schon lagen viele Frühpflanzen, nachdem sie flüchtige schöne Tage hindurch mit ihren Blüten der Menschen Augen vergnügt, nun in stiller Vergessenheit dem stillen Berufe ihres Reifens, der verborgenen Vorbereitung zu ihrer Fortpflanzung ob. Schlüsselblümchen und Veilchen waren spurlos unter dem erstarkten Grase verschwunden, niemand beachtete ihre kleinen Früchtchen. Hingegen breiteten sich Anemonen und die blauen Sterne des Immergrün zahllos aus um die lichten Stämme junger Birken, am Eingange der Gehölze, die Lenzsonne durchschaute und überschien die Räumlichkeiten zwischen den Bäumen, vergoldete den bunten Waldboden; denn noch sah es hell und geräumig aus, wie in dem Hause eines Gelehrten, dessen Liebste dasselbe in Ordnung gebracht und aufgeputzt hat, ehe er von einer Reise zurückkommt und bald alles in die alte tolle Verwirrung versetzt. Bescheiden und abgemessen nahm das zartgrüne Laubwerk seinen Platz und ließ kaum ahnen, welche Gewalt und Herrlichkeit in ihm harrte. Die Blättchen saßen symmetrisch und zierlich an den Zweigen, zählbar, ein wenig steif, wie von der Putzmacherin angeordnet, die Einkerbungen und Fältchen noch höchst exakt und sauber, wie in Papier geschnitten und gepreßt, die Stiele und Zweigelchen rötlich lackiert, alles äußerst aufgedonnert. Frohe Lüfte wehten, am Himmel kräuselten sich glänzende Wolken, es kräuselte sich das junge Gras an den Rainen, die Wolle auf dem Rücken der Lämmer, überall bewegte es sich leise mutwillig, die losen Flocken im Genicke der jungen Mädchen kräuselten sich, wenn sie in der Frühlingsluft gingen, es kräuselte sich in meinem Herzen. Ich lief über alle Höhen und blies an einsamen, schön gelegenen Stellen stundenlang auf einer alten großen Flöte, welche ich seit einem Jahre besaß. Nachdem ich die ersten Griffe einem musikalischen Schuhmachergesellen abgelernt, war an weiteren Unterricht nicht zu denken und die ehemaligen Schulübungen waren längst in ein tiefes Meer der dunkelsten Vergessenheit geraten. Darum bildete sich, da ich doch bis zum Übermaß anhaltend spielte, eine wildgewachsene Fertigkeit aus, welche sich in den wunderlichsten Trillern, Läufen und Kadenzen erging. Ich konnte ebenso fertig blasen, was ich mit dem Munde pfeifen oder aus dem Kopfe singen konnte, aber nur in der härteren Tonart, die weichere hatte ich allerdings empfunden und wußte sie auch hervorzubringen, aber dann mußte ich langsam und vorsichtiger spielen, so daß diese Stellen gar melancholisch und vielfach gebrochen sich zwischen den übrigen Lärm verflochten. Musikkundige, welche in entfernterer Nachbarschaft mein Spiel hörten, hielten dasselbe für etwas Rechtes, belobten mich und luden mich ein, an ihren Unterhaltungen teilzunehmen. Als ich mich aber mit meiner mächtigen braunen Röhre einfand, deren Klappe einer messingenen Türklinke glich, und verlegen und mit bösem Gewissen die Ebenholzinstrumente mit einer Unzahl silberner Schlüssel, die stattlichen Notenblätter sah, bedeckt von Hieroglyphen, da stellte es sich heraus, daß ich rein zu gar nichts zu gebrauchen, und die Nachbaren schüttelten verwundert die Köpfe. Desto eifriger erfüllte ich nun die frische Luft mit meinem Flötenspiele, welches dem schmetternden und doch monotonen Gesange eines großen Vogels gleichen mochte, und empfand, unter stillen Waldsäumen liegend, innig das schäferliche Vergnügen des siebzehnten Jahrhunderts und zwar ohne Absicht und Gemachtheit.

Aus: Der grüne Heinrich

EDUARD MÖRIKE

KARWOCHE

O Woche, Zeugin heiliger Beschwerde!
Du stimmst so ernst zu dieser Frühlingswonne,
Du breitest im verjüngten Strahl der Sonne
Des Kreuzes Schatten auf die lichte Erde

Und senkest schweigend deine Flöre nieder;
Der Frühling darf indessen immer keimen,
Das Veilchen duftet unter Blütenbäumen,
Und alle Vöglein singen Jubellieder.

O schweigt, ihr Vöglein auf den grünen Auen!
Es hallen rings die dumpfen Glockenklänge,
Die Engel singen leise Grabgesänge;
O still, ihr Vöglein hoch im Himmelblauen!

Ihr Veilchen, kränzt heut keine Lockenhaare!
Euch pflückt mein frommes Kind zum dunkeln Strauße,
Ihr wandert mit zum Muttergotteshause,
Da sollt ihr welken auf des Herrn Altare.

Ach dort, von Trauermelodien trunken,
Und süß betäubt von schweren Weihrauchdüften,
Sucht sie den Bräutigam in Todesgrüften,
Und Lieb und Frühling, alles ist versunken.

ANNETTE VON DROSTE-HÜLSHOFF
AM PALMSONNTAGE

Der Morgentau will steigen!
Sind denn die Palmen grün?
Auf, laßt mit hellen Zweigen
Uns ihm entgegenziehn!
Er will in unser Haus,
In unsre Kammern kommen;
Schon ziehen rings die Frommen
Mit Lobgesang heraus.

Ich kann nicht mit euch gehen,
Mir ist der Odem schwer;
Die Kreuzesfahnen wehen,
Ich folge nimmermehr.
Wie wird so klar die Luft!
O Jesu, süße Helle,
Du kömmst in meine Zelle,
In meine Modergruft!

Was soll ich dir bereiten,
Du wunderlieber Gast?
Ich möchte dich verleiten
Zu langer Liebesrast.
Wohlan, ich schmücke dich,

Will dich mit Blumen binden;
Du sollst dich nicht entwinden,
Das weiß ich sicherlich.

Aus deiner Mutter Rechten
Will ich um deinen Fuß
Die reine Lilie flechten
Mit demutsvollem Gruß.
Daß ich dich feßle ganz
Mit Liebesblumenringen,
Will um dein Haupt ich schlingen
Den heil'gen Rosenkranz.

Den Boden will ich streuen
Mit Palmen ganz und gar,
Mein Leiden dir zu weihen:
Was ich in diesem Jahr
Oft still, oft schwerer trug,
Es liegt zu deinen Füßen,
Es soll mich nicht verdrießen,
Dein Will ist mir genug!

Wie soll ich mich doch finden
In deine Liebesmacht,
Daß du an meine Sünden
So gar nicht hast gedacht!
Ich lasse nicht von dir,
Mußt du gleich wieder scheiden:
Ich fühl es wohl in Freuden,
Du kömmst noch oft zu mir.

Im donnerlosen Raume
schweben weiße Vögel um gläserne Harfen.

In den Furchen der Frühlingsäcker
flutet grüner Saft des Lebens;
gesammelt, ein Strom, wandert er auf Golgatha zu,
um sich in der kommenden Frühe – aschgrau die
    Wimpern der blutenden Sonne –
mit barbarischem Essig zu mischen.

Schädelstätte! Todesbaum! Waage des Himmels, die
    Gott wiegt!
Und morgen werd ich nicht im Paradiese sein,
sondern als Mahlstein Ängste zerreiben,
als Knecht der Erde Psalmen singen.

Feierabends gehe ich mit Magdalena auf dem
    Mühlteich spazieren.
Mag die Büßerin Sonne dann weinen,
mit zitterndem Munde das Brot kauen, dessen Korn
    ich mahlte!

Nacht wie Grab! Meine Beiwohnerinnen, die Engel,
    stöhnen in schrecklichen Träumen:
Mutter Maria kann die Rätsel der Sphinx nicht
    beantworten;
Josef lacht die vor Qual Sterbende schaurig aus.
Gott, der Vater, ist Optiker wie einst Spinoza.
Ergraut und erblindet, schleift er Linsen.

Mein Gott, mein Gott, wie schön die Mandelblüten
    von Zion, meinem Traum!

PARSIFAL *(wendet sich um und blickt mit sanfter Ent-*
zückung auf Wald und Wiese, welche jetzt im Vormittags-
lichte leuchten).
Wie dünkt mich doch die Aue heut so schön! –
    Wohl traf ich Wunderblumen an,
die bis zum Haupte süchtig mich umrankten;
    doch sah ich nie so mild und zart
    die Halme, Blüten und Blumen,
    noch duftet' all so kindisch hold
    und sprach so lieblich traut zu mir.
GURNEMANZ. Das ist Karfreitagszauber, Herr!
PARSIFAL. O wehe des höchsten Schmerzentags!
Da sollte, wähn ich, was da blüht,
was atmet, lebt und wieder lebt,
    nur trauern, ach, und weinen!
GURNEMANZ. Du siehst, das ist nicht so.
Des Sünders Reuetränen sind es,
    die heut mit heil'gem Tau
    beträufen Flur und Au:
    der ließ sie so gedeihen.
Nun freut sich alle Kreatur
auf des Erlösers holder Spur,
    will ihr Gebet ihm weihen.
Ihn selbst am Kreuze kann sie nicht erschauen:
da blickt sie zum erlösten Menschen auf;

der fühlt sich frei von Sündenlast und Grauen,
durch Gottes Liebesopfer rein und heil.
Das merkt nun Halm und Blume auf den Auen,
daß heut des Menschen Fuß sie nicht zertritt,
doch wohl, wie Gott mit himmlischer Geduld
   sich sein erbarmt' und für ihn litt,
   der Mensch auch heut in frommer Huld
   sie schont mit sanftem Schritt.
   Das dankt dann alle Kreatur,
   was all da blüht und bald erstirbt,
   da die entsündigte Natur
   heut ihren Unschuldstag erwirbt.

KUNDRY *(hat langsam wieder das Haupt erhoben und blickt
feuchten Auges, ernst und ruhig bittend zu Parsifal auf).*

PARSIFAL. Ich sah sie welken, die einst mir lachten:
   ob heut sie nach Erlösung schmachten? –
   Auch deine Träne ward zum Segenstaue:
   du weinest – sieh! es lacht die Aue.

      (Er küßt sie sanft auf die Stirne.)

(Fernes Glockengeläute, sehr allmählich anschwellend.)

                 Aus: Parsifal

HEINRICH VON KLEIST
DER ENGEL AM GRABE
DES HERRN

Als still und kalt, mit sieben Todeswunden,
Der Herr in seinem Grabe lag; das Grab,
Als sollt es zehn lebendge Riesen fesseln,
In eine Felskluft schmetternd eingehauen;
Gewälzet, mit der Männer Kraft, verschloß
Ein Sandstein, der Bestechung taub, die Türe;
Rings war des Landvogts Siegel aufgedrückt:
Es hätte der Gedanke selber nicht
Der Höhle unbemerkt entschlüpfen können;
Und gleichwohl noch, als ob zu fürchten sei,
Es könn auch der Granitblock sich bekehren,
Ging eine Schar von Hütern auf und ab,
Und starrte nach des Siegels Bildern hin:
Da kamen, bei des Morgens Strahl,
Des ewgen Glaubens voll, die drei Marien her,
Zu sehn, ob Jesus noch darinnen sei:
Denn Er, versprochen hatt er ihnen,
Er werd am dritten Tage auferstehn.
Da nun die Fraun, die gläubigen, sich nahten
Der Grabeshöhle: was erblickten sie?
Die Hüter, die das Grab bewachen sollten,
Gestürzt, das Angesicht in Staub,
Wie Tote, um den Felsen lagen sie;
Der Stein war weit hinweggewälzt vom Eingang;
Und auf dem Rande saß, das Flügelpaar noch regend,
Ein Engel, wie der Blitz erscheint,
Und sein Gewand so weiß wie junger Schnee.
Da stürzten sie, wie Leichen, selbst, getroffen,

Zu Boden hin, und fühlten sich wie Staub,
Und meinten, gleich im Glanze zu vergehn:
Doch er, er sprach, der Cherub: »Fürchtet nicht!
Ihr suchtet Jesum, den Gekreuzigten –
Der aber ist nicht hier, er ist erstanden:
Kommt her, und schaut die öde Stätte an.«
Und fuhr, als sie, mit hocherhobnen Händen,
Sprachlos die Grabesstätte leer erschaut,
In seiner hehren Milde also fort:
»Geht hin, ihr Fraun, und kündigt es nunmehr
Den Jüngern an, die er sich auserkoren,
Daß sie es allen Erdenvölkern lehren,
Und tun also, wie er getan«: und schwand.

BERTOLT BRECHT
KARSAMSTAGSLEGENDE

Den Verwaisten gewidmet

Seine Dornenkrone
Nahmen sie ab
Legten ihn ohne
Die Würde ins Grab.

Als sie gehetzt und müde
Andern Abends wieder zum Grabe kamen
Siehe, da blühte
Aus dem Hügel jenes Dornes Samen.

Und in den Blüten, abendgrau verhüllt
Sang wunderleise

Eine Drossel süß und mild
Eine helle Weise.

Da fühlten sie kaum
Mehr den Tod am Ort
Sahen über Zeit und Raum
Lächelten im hellen Traum
Gingen träumend fort.

ADALBERT STIFTER
DIE CHARWOCHE IN WIEN

Es ist eine eigentümlich melancholisch sanfte Erinnerung, wenn ich nur den Namen dieser Woche nennen
hörte; ein Stück meiner Heimat und Kindheit, ein liebes,
reines, feierliches Stück derselben kömmt mit dem Namen
zurück. Selbst die Jahreszeit, in welche dieses Fest fällt,
wirkt mit, um den Eindruck hervorzubringen, den es
macht. Auf den Feldern, die meinen Geburtsort umgaben,
war der Schnee bereits weg, aber sie lagen noch naß und
schwarz vor der Sonne; die Luft war schon mild und blau,
aber die Bäume standen noch mit dem schwarzen, laublosen Gitter in derselben; die Wiesen begannen sachte zu
grünen, und an dem Bache und an den Wasserfäden der
Wiesengräben liefen bereits dunklere grüne Säume mit
der Knospe oder gar schon der Blüte der Butterblume,
welche Blume bei uns zu Hause den schönen Namen
Osterblume führt – die ganze Frühlingssehnsucht, in allen
Wesen, besonders aber in Kinderherzen lebendig, schlug
bereits in heller Lohe auf: da kam noch die Charwoche
dazu, diese magische Woche voll religiöser Feier und Ge-

fühle, voll Mysterien und Geheimnisse, die mit zauberhafter Gewalt auf die jungen Herzen wirken. – Schon am Palmsonntage begann sie in unserer Kirche mit einem Walde aller möglichen Zweige, die Kätzchen tragen, welche Kätzchen man dort Palmen nennt, wahrscheinlich, weil man durch die Zweige jene Palmen repräsentiert, die einst dem einziehenden Heilande gestreut wurden – die Landleute der umliegenden Dörfer hatten den Wald in die Kirche gebracht, und fast jeder Mann hielt einen Palmenstamm empor, den er schlank und zierlich aus trockenem Fichtenholze geschnitzt hatte, und an dessen Spitze sich ein dichter Busch von Palmen, das heißt von jenen Kätzchenzweigen ausbreitete, untermischt mit dem dunklen Grün der Tannen, die dem Ganzen eine düstere, ernste Feier gaben, namentlich, wenn der sanfte blaue Weihrauch der Kirche durch ihre Zweige quoll und über den Wipfeln die ruhigen Orgeltöne hinschwammen. Dann kam der Montag, und die Vorbereitungen begannen zu dem traurig feierlichen Feste. Die Altäre waren von oben bis unten mit Schwarz behängt; statt der wehenden Fahnen der Zünfte standen die nackten Stangen empor; ein emsiges Hämmern und Sägen hörte man des Nachmittags aus der Kirche – ein Gerüste erhob sich – ungewöhnliche, feierliche Kirchengebräuche geschahen in den Vormittagen, dann hörte jedes Glockenläuten, selbst das Schlagen der Uhren auf, was auf mein Kinderherz den Eindruck der tiefsten Trauer machte, in der Kirche aber stand das schwarze Grab mit seinen flimmernden Lampen von düsterem Rot und Grün und Blau, und die andächtige Menge kniete davor, in tiefer, lautloser Stille betend, und in tiefer, lautloser Stille knieten auch die zwei Kirchendiener als Wächter bei dem heiligen Grabe – so groß ist die Macht der dem Menschen angebornen Religionsweihe, daß mir als Kinde, wenn ich in jenen Tagen nur kaum erst die Schwelle der Kirche betreten hatte, schon die Schauer der Ehrfurcht ins Herz kamen, und daß ich mit tiefster Andacht und Zerknirschung vor dem heiligen Grabe kniete, das, obwohl von Menschenhänden gemacht, nun nicht mehr Holz und Leinwand war, sondern das bedeutete, was vor zweitausend Jahren als das Geheimnis der Erlösung geschah, und seither in der Seele der Menschen fortwirkte. Dann lösete sich gemach die Trauer: als Vorbote kamen schon Samstags vormittag die Glocken, ihr Ton war so erfreuend und noch Erfreulicheres kündend. Abends war das Fest der Auferstehung. Sonnenhell war es in der Kirche von hundert funkelnden Kerzen; erhabene Musik rauschte, und die Menschen waren geputzt, um jenes Ereignis zu feiern, das als das größte Wunder, als der Grund des Glaubens anerkannt wurde, die Auferstehung. So freudenreich ist dies Ereignis, daß bei uns die fromme Sage geht, die Sonne gehe am Ostersonntage nicht wie gewöhnlich auf, sondern hüpfe dreimal freudig empor. Jeden Ostersonntag wollte ich das Wunder ansehen, aber jedesmal verschlief ich es – und als ich so groß gewachsen war, daß ich es nicht mehr verschlief, da glaubte ich es nicht mehr. Des andern Tages beim Hochamte leuchteten alle Altäre, hingen die Zunftfahnen in schwerer Seide herab, wallte der Weihrauch, ertönte die Musik, und am Altare klangen die feierlichen Hymnen, und freudig ging ich aus der Kirche, daß die Trauer so zum Jubel geworden, aber auch traurig, daß die schöne Woche vorüber ist, und nun eine Reihe ordinärer Tage folge.

Was ich auch seitdem geirrt und gesucht, wie ich gestrebt, wie ich errungen und verloren, wie ich glücklich und unglücklich war, was sich auch immer geändert: jenes tiefe religiöse Gefühl für diese bedeutungsvollste Woche der Christenheit hat mich nicht verlassen, und immer ist mir die Charwoche die heiligste, feierlichste Zeit geblieben. Als ich nach Wien kam und ein Bewohner der großen Stadt wurde, und die erste Charwoche erlebte, da berührte es mich freilich unangenehm, daß es hier so ganz anders sei, als es seit meiner Kindheit in meinem Herzen nachdämmerte – ich hatte nämlich den Eindruck meiner Kindheit hier verloren, und den hiesigen, wenn er von allen Unwesentlichkeiten entkleidet wurde, noch nicht gewonnen. Ich konnte eben damals von den Unwesentlichkeiten nicht absehen und glaubte, das Fest werde von ihnen gestört. So meinte ich zum Beispiel, alle Buden und Kaufgewölbe müßten in jener Woche geschlossen sein, weil auch in meinem Geburtsorte jede knechtliche Arbeit in derselben ruhte; hier aber drängte sich die kirchliche Feier und die industriöse Bestrebung für mein Auge zu hart an einander. Ferner, in meiner Heimatkirche kniete alles vor dem Grabe, oder stand andächtig davor, oder saß betend in den Stühlen; hier aber erlebte ich, daß Gruppen in der Kirche herumgingen und bloß neugierig alles anschauten, daß man ein- und ausging, wie in einer andern Halle, daß draußen dem Kirchtore vorbei die Wägen rasselten, ja daß Leute bei dem einen Kirchtore herein-, bei dem andern hinausgingen, ohne sich weiter aufzuhalten, daß man mit einander sprach und sich die Kritik über die kirchliche Anordnung zuflüsterte, und daß man endlich von einer Kirche zur andern, von einem Grabe zum andern ging, bloß um die hier übliche Gewohnheit des Gräberbesuchens mitzumachen. Es berührte mich, wie ich sagte, unangenehm – ›wo ist hier die heilige, die tiefe, die stille Feier deiner Kindheit?‹ rief es in mir, und ich war so entrüstet, daß ich durch mehrere Jahre meines ersten hiesigen Aufenthalts in dieser Woche gar nicht ausging, um sie nicht profanieren zu sehen. Aber wie die Gewalt der Dinge langsam, jedoch sicher wirkt, so geschah es auch, daß, als ich wieder einmal die Feier der Charwoche besuchte, dieselbe auf ganz andere Weise in meine Augen fiel als sonst. Ich hatte eben in der Zeit Hauptstadt-Augen bekommen; die Einseitigkeit und die harte Intoleranz des Provinz-, ja eigentlich des Waldbewohners hatte sich abgestreift; ich hatte Menschen achten gelernt in dem, was sie sind, und nicht sogleich *verachten* in dem, was sie nicht sind, ja auch die nicht gänzlich wegzuwerfen, die *nichts* sind (gleichsam der leere Raum zwischen den Weltkörpern), wenn sie nur nicht positiv etwas werden, nämlich Zerstörer an der sittlichen Welt – darum erkannte ich, daß der heilige Ernst der Kirchenfeier gerade in der Hauptstadt hart neben dem Bestreben der Industrie und neben dem Leichtsinne des Müßigganges bestehen müsse, ja, daß gerade dieses harte Nebeneinanderstehen etwas Tragisches habe, und ein eindringliches Bild des Lebens sei, dem festen Herzen zeigend, wie hoch das, was immer und allzeit an der Menschheit das Heilige war, über dem Treiben und Genießen des Tages stehe, wenn dieser Zwiespalt auch das idyllisch weiche Gemüt beleidigt.

So steht denn auch in Wien in keiner Zeit des Jahres dieser Gegensatz schroffer da als gerade in der Charwoche. In allen Kirchen beginnt die Feier dieser heiligen Zeit, und in vielen Herzen aufrichtig und ernstlich mit – dann aber gibt es viele andere, die das Fest mit begehen, weil es einmal so ist; sie denken eben nichts Gutes und Schlechtes, nur zuweilen sind sie gerührt, – endlich kommen die, denen es Gelegenheit zu Schaugepränge wird, und die da kommen, um zu sehen und gesehen zu werden: immer aber ist es noch ein Herüberwehen jenes Geistes aus einer einstigen schöneren, tieferen, religiöseren Zeit, das die Menschen gerade dieser Tage gleichsam zu einer Feier im großen auf die Gassen und Plätze treibt, um sich da zu ergehen und das allgemeine Gepränge zu heben – wenn gleich jener Geist nur in dem tieferen Herzen noch fühlbar ist, indes er die Massen herausführt, ohne daß sie von ihm wissen; denn bei wie vielen mag es bloß darum sein, daß sie herausgehen, weil es so Sitte ist, und bei wie vielen sind es noch schlechtere Motive, die sie regieren, wie es ja bei einem Zusammensein so vieler Menschen nicht anders denklich ist.

Dem äußern Anblick nach ist die Sache so: Wenn die Zeremonien in den vielen Kirchen Wiens beginnen, so bemerkt man schon ein regeres Wandeln auf der Gasse und ausgezeichnetere Anzüge als zu jeder andern Zeit, vollends aber erkennbar wird es erst dann, wenn die Gräber aufgebaut stehen, und die Andacht zu denselben beginnt. Da sieht man ganze Familien, ehrbar angezogen, über die Gasse schreiten; Menschen, die das ganze Jahr nicht in die Stadt hereinkommen, verlassen ihre Wohnung in der entfernten Vorstadt, um ein oder das andere heilige Grab in der Stadt zu besuchen, zu dem sie schon von Alters her eine besondere Andacht hegen; manche hohe Dame steigt vor der Kirche aus ihrem Wagen und läßt sich von ihrem Diener das schwerbeschlagene oder in Samt gebundene Gebetbuch reichen, eine Versammlung von Kutschen wartet auf ihre Herrschaften vor der Kirchtüre; Neuvermählte gehen zum ersten Male heuer ihren Gräberbesuch zu machen, manche Mütter mit ihren Töchtern, manche einsame Matrone geht aus ihrer Wohnung, um ihre Andacht zu verrichten, wobei es Sitte ist, daß man nicht etwa nur ein einziges oder zwei Gräber besuche, sondern in der Regel werden alle in der eigentlichen Stadt befindlichen nach der Reihe besucht, so daß es in jenen Tagen den Anschein gewinnt, als wenn die ganze Bevölkerung Wiens auf der Wanderung wäre, und zwar in ihrem Staate, in sonntäglichen und Feierkleidern, daher es sehr leicht seine Erklärung findet, was ich einmal aus dem Munde eines Fremden bemerken hörte, daß man gerade in der Charwoche in Wien die schönsten Kleider und die schönsten weiblichen Angesichte zu sehen bekomme. Daß von dem bloßen Müßiggange, von der Putzsucht und Frivolität diese Zeit auch benützt wird, um ihren Götzen Opfer zu bringen, ist wohl begreiflich; daher zu gewissen Stunden ein ganzer Strom von geputzten Menschen durch die Gassen geht, ja daß die ganze äußere Erscheinung in den Straßen zuletzt in ein bloßes Spazierengehen ausartet. So ist es zum Beispiel gerade am Charfreitage und Samstage gegen die Abenddämmerung Sitte, daß man im höchsten Putze über den Kohlmarkt, Graben und Stephansplatz spazieren geht, von welcher Sitte auch so reichlich Gebrauch gemacht wird, daß buchstäblich Mensch an Mensch nebeneinander geht, und daß auch die, die sonst immer zu Wagen sind, hier zu Fuße erscheinen, und ein breiter, glänzender Strom von Menschen über die ganze Straße ausgegossen ist, selten von einem fahrenden Wagen gestört, da eben in jenen Momenten fast alles geht, ungleich dem ersten Mai, wo wieder alles fährt. Trotz der augenfälligen Sucht, hier den größten Kleiderprunk zur Ansicht zu bringen, bemerkt selbst das an Harmonie und Schönheit gewöhnte Auge keinen Verstoß gegen den eigentlichen Charakter der Zeit; denn insbesonders das weibliche Geschlecht unserer Hauptstadt hat einen eigentümlichen Takt, hier, wenn auch seine schönsten, doch solche Kleider zu wählen, die dem Ernste, der Ruhe, und der Feier der Zeit nicht nur keinen Eintrag tun, sondern sogar dieselbe empor heben. Einzelne Grisetten oder Närrinnen, die durch Übertreibung wirken wollen, können dem Charakter des Ganzen schon darum keinen Abbruch tun, weil sie in der Masse doch verschwinden, wenn sie auch im Augenblicke des Vorüberwandelns mißfällig erscheinen mögen. Diese feierliche Abendpromenade dauert gewöhnlich bis in die Nacht hinein, wo es nach dem Anzünden der Laternen nach und nach aufhört und dem gewöhnlichen Treiben des Tages Platz macht.

Tritt man im Laufe der drei letzten Tage der heiligen Woche in das Innere einer Kirche, so haben fast alle dasselbe Ansehen. Sankt Stephan hat seine Riesenglieder in Trauer gehüllt; ein düsteres Dunkel herrscht durch die großen Räume; einer der Seitenaltäre ist zu dem schönen, einfachen Grabe des Heilandes eingerichtet, und eine andächtige Menge knieet dicht gedrängt davor. Wie der Tod alle gleich macht, so auch die Begeisterung und die Religion. Neben der Fürstin, hinter welcher der reichgekleidete Diener steht, harrend, daß er ihr beim Hinausgehen Platz mache, kniet die Bettelfrau, und manchesmal mag es sich wohl zutragen, daß die Fürstin eben so inbrünstig um Abwendung ihres Wehes zu dem Grabe des Heilandes beten mag, als die Bettelfrau um Abwendung des ihrigen. In den Stühlen sitzen die andächtigen Gruppen herum; bei den Fenstern spinnen die Frühlingssonnenstrahlen herein, und eine solche Stille ist in der weiten, dämmerigen Kirche, daß man die Fußtritte der Gehenden und Kommenden hört, und das Flüstern der bloß Neugierigen vernehmlich wird – nur draußen geht das dumpf hereintönende Brausen und Arbeiten des Tages fort, und wenn man aus dem Tore der Kirche hinaustritt, so schlagen einem Licht und Lärm entgegen, und werden augenblicklich als ein harter Gegensatz gefühlt zu der schwermütig schönen Poesie, die in dem ernsten, großen Baue liegt, den die einfältige und fromme Kraft unserer Voreltern aufgetürmet hat. Und in der Tat, ich weiß nicht, ist es die Gewalt der Andacht in dieser heiligen Zeit, oder wirkt die Erhabenheit des Baues mit: wenn man so die Mienen der Heraustretenden ansieht, so haben sie etwas Feierliches, und selbst das Gesichtchen des Bürgermädchens, das vielleicht nicht bald irgendwo so schön und lachlustig angetroffen werden dürfte als in Wien, selbst dieses Gesicht-chen, der treue, aber schönere Abdruck der ältern, neben ihr gehenden Mutter, sieht sehr ernsthaft und gesammelt aus, und läßt demütig die Augenlider sinken über den einzigen Schalk, den sie sonst vielleicht nicht völlig zu verbergen im Stande wäre – und in Wahrheit, wenn man die Herausgehenden an mehreren Kirchen beobachtet, so bilde ich mir ein, jederzeit bei Sankt Stephan den größten Ernst und die größte Feierlichkeit auf den Angesichtern gesehen zu haben, so daß wohl die Erhabenheit und Wun-derbarkeit des Kunstwerkes mit seiner Gewalt auf die Herzen wirken mochte, wenn sie es selber auch nicht immer wissen.

Wie bei St. Stephan ist es mehr oder minder auch in den andern Kirchen, je nachdem ihr Raum es gestattet. Bei Sankt Peter ist ein schönes, fast heiteres Grab, und vor-züglich und herzerhebend sind dort die sogenannten Lamentationen – bei Maria am Gestade ist eine große Lichtermasse und eine Fülle der schönsten Blumen – und so hat jede Kirche der Stadt und die unzähligen der Vor-städte ihre eigentümliche Grabesfeier, und wenn man be-denkt, daß ein großer Teil der Wiener Bevölkerung die Meinung hat, die Andacht habe einen desto größern Wert, bei je mehr Gräbern sie verrichtet wird, so kann man sich eine Vorstellung machen von dem Menschengedränge in den Straßen. Es ist dies die einzige Zeit des Jahres, wo die Kirchengänger vor der übrigen Volksmenge auffallend werden und der Stadt ein feierliches, gottesdienstliches Gepränge geben.

Am belebtesten ist der Samstag abends, vielleicht der belebteste Tag des ganzen Jahres in Wien. Die Auferste-hung wird in den mehr als hundert Kirchen, in jeder mit der ihr möglichst größten Pracht gefeiert, und da dies nicht überall zu gleicher Stunde geschieht, so beginnt bereits um zwei oder drei Uhr nachmittags das Gedränge auf den Straßen; es ist *buchstäblich* ein Gedränge, durch das es stellenweise schwer wird durchdringen zu können; reitende Polizei und Militär muß aufgestellt sein, um Ordnung zu handhaben und über Sicherheit zu wachen, namentlich geht gegen vier Uhr der drängende und glänzende Zug den Kohlmarkt entlang, der k.k. Hofburg entgegen, wo die Auferstehung durch eine feierliche Prozession auf dem Burghofe gefeiert wird, der die Glieder der allerhöchsten Familie, dann die hohen Würdenträger und Militärs in glänzendsten Uniformen beiwohnen, und die das Schönste und Feierlichste ist, was man an diesem Tage sehen kann. Da aber des sonst zu großen Volksandranges wegen der Burghof durch Militär abgesperrt ist, so sucht jeder, der nur irgend einen Bekannten in der k.k. Burg hat, ein Plätzchen an einem der Fenster zu gewinnen, die den Burgplatz umgeben, damit er die Feier sehen könne, und die, welche keinen Freund oder Bekannten haben, bestreben sich dennoch, durch einen oder den andern Eingang hinein zu kommen und irgendwo ein Zuschauerplätzchen zu gewinnen. Da aber alle Tore und Pförtchen durch Wache besetzt sind, so stauet sich vor ihnen die Strömung auf, insbesondere da es doch der einen oder andern Gruppe gelingt, durch Unterhandlung und List oder ein klein bißchen Gewalt einzudringen, was die Hoffnung der übrigen wieder anspornt, stehen zu bleiben und auszudauern, da sie gar wohl wissen, daß der österreichische Soldat viel zu gutherzig ist, als daß er gar arg mit dem Kolben gegen seine Landsleute stoßen sollte, vorzüglich, da es sich hier gar nicht um das Heil des Landes handelt, und es einerlei ist, ob noch ihrer zwanzig mehr drinnen sind oder nicht – und wenn sie auch nichts mehr sehen können, so stehen sie dann doch ruhig und sicher in dem dunklen Gange und hören die Gesänge des Umganges hinein. Diejenigen, welche durchaus nicht eindringen können, begnügen sich mit der Lust, die in ihren Uniformen auffahrenden Chargen zu beobachten und zu bewundern, welche der Prozession beizuwohnen haben. So ist in jenen zwei Stunden die Hofburg dicht von einem Schwarme von Menschen belagert, aber von geputzten, friedlichen, schaulustigen Menschen. Wenn nun die Feier vorüber und der freie Durchgang wieder geöffnet ist, so versiegt und verrinnet die Menge in die anstoßenden Gassen.

Gehen wir nun auf den Platz von Sankt Stephan.

Eine den Platz erfüllende Masse von Volk steht auch hier um die Kirche, das schwarze Gebäude steigt wie ein Gebirge aus der bunten Menge empor, und die tiefen Klänge der großen Glocke fallen von dem Turme nieder, so wie von allen andern Kirchen der Stadt und der Vorstädte ein zusammenklingendes Läuten über die Häuser hinwallt. Das Riesentor ist geöffnet (das Haupttor, welches nur bei besonders feierlichen Gelegenheiten aufgetan wird). So viel tausend Menschen außerhalb, teils aus Andacht, teils aus Gewohnheit, teils aus Neugierde stehen mögen, so viele sind darinnen, wie sie nur immer der große Raum des Gebäudes zu fassen im Stande ist. Die Bürgergarde ist im mittleren Schiffe aufgestellt; die Stadtbehörden erscheinen; ein wahres Heer von Lichtern wird angezündet, und dennoch (und gerade dies gibt einen Begriff von der ungeheuren Größe des Bauwerkes) und dennoch vermag dieses Licht nicht in alle Räume zu dringen; denn hoch oben in den Spitzbögen wohnt die Dämmerung und die Finsternis, was, da man die Verzierungen und steinernen Ornamente nicht mehr sehen kann, dem Dome erst recht das Ansehen der Unendlichkeit gibt. Nun ertönen die Klänge der Riesenorgel (die ebenfalls, wenn ich nicht irre, nur dreimal des Jahres gespielt wird), und der Prozessionszug beginnt, von der hohen Geistlichkeit, von den Staatsbehörden und den Bürgergarden begleitet. Es ist eine wahrhaft erhabene Feier in diesem Gebäude, bei dieser Gewalt der Töne, die vom Chore und von dem Turme fließen, und bei dieser Entwicklung und Entfaltung kirchlicher Pracht. Auch empfinden es die meisten Menschen; denn zu keiner Zeit, den Mitternachtgottesdienst am Christabend etwa ausgenommen, ist die Kirche so gedrängt voll, als am Auferstehungsfeste, und selbst auf die Stühle steigen die Entfernteren, um die Feier sehen zu können.

Wenn der letzte Klang vom Turme Sankt Stephans gefallen ist, die Menschen aus den Toren der Kirche herausströmen, und auch all die andern Türme der Stadt schweigen: dann beginnt ein anderes, von dem früheren sehr verschiedenes Schauspiel. Da nämlich der Ostersonntag ein sogenannter gesperrter Tag ist, das heißt ein solcher, an dem selbst die gewöhnlichsten Lebensbedürfnisse nicht verkauft werden dürfen, so öffnen sich nun, nachdem man die Laternen angezündet hat, alle möglichen Buden, worin Lebens- und Luxusgegenstände für den folgenden Tag zu haben sind, und da der Wiener gerne gut ißt, und an großen Festtagen wo möglich gerne am besten ißt, so fängt nun ein Laufen und Rennen nach Versorgung für den folgenden Tag an, und die heimkehrenden Kirchgänger begegnen den forteilenden Mägden und Frauen, die da große Körbe an dem Arme tragen, um noch einen schönen und vortrefflichen Braten für morgen zu erjagen. Der grüne Markt ist mit tausend Lichtern bewegt, Kirchenleute und Einkäufer sind durcheinander gemischt, an den Fleischer- und Räucherbuden herrscht Geschrei und Gedränge, in den Viktualien- und Bäckerläden ist alles glänzend ausgestellt, daß man Ostereier und Osterflecken kaufe. Der Hausvater geht nach Hause und bespricht sich

mit den Seinen, wie es dort und da und wieder wo anders
sehr schön gewesen sei, der Junggeselle, der Pflastertre-
ter, der Durstige wandern ermüdet in ein Gasthaus, er-
quicken sich und erzählen, was sie heute gesehen und
erlebt – und steht erst eine recht schöne Nacht am Himmel, so daß Aussicht zu Promenaden und Ausflügen auf
den morgigen Ostersonntag vorhanden ist, so ist ganz
Wien selig und vergnügt, und der Charsamstag ist der
schönste gewesen, der sich nur immer im Reiche der Mög-
lichkeit erleben läßt.

JOHANN WOLFGANG GOETHE
OSTERSPAZIERGANG

FAUST. Vom Eise befreit sind Strom und Bäche
Durch des Frühlings holden, belebenden Blick,
Im Tale grünet Hoffnungsglück;
Der alte Winter, in seiner Schwäche,
Zog sich in rauhe Berge zurück.
Von dorther sendet er, fliehend, nur
Ohnmächtige Schauer körnigen Eises
In Streifen über die grünende Flur;
Aber die Sonne duldet kein Weißes:
Überall regt sich Bildung und Streben,
Alles will sie mit Farben beleben;
Doch an Blumen fehlts im Revier:
Sie nimmt geputzte Menschen dafür.
Kehre dich um, von diesen Höhen
Nach der Stadt zurückzusehen!
Aus dem hohlen, finstern Tor
Dringt ein buntes Gewimmel hervor.

Jeder sonnt sich heute so gern.
Sie feiern die Auferstehung des Herrn;
Denn sie sind selber auferstanden:
Aus niedriger Häuser dumpfen Gemächern,
Aus Handwerks- und Gewerbesbanden,
Aus dem Druck von Giebeln und Dächern,
Aus der Straßen quetschender Enge,
Aus der Kirchen ehrwürdiger Nacht
Sind sie alle ans Licht gebracht.
Sieh nur, sieh! wie behend sich die Menge
Durch die Gärten und Felder zerschlägt,
Wie der Fluß in Breit und Länge
So manchen lustigen Nachen bewegt,
Und, bis zum Sinken überladen,
Entfernt sich dieser letzte Kahn.
Selbst von des Berges fernen Pfaden
Blinken uns farbige Kleider an.
Ich höre schon des Dorfs Getümmel,
Hier ist des Volkes wahrer Himmel,
Zufrieden jauchzet groß und klein:
»Hier bin ich Mensch, hier darf ichs sein!«

Aus: Faust. Eine Tragödie

ANONYM
CHRISTUS IST AUFERSTANDEN

Christus ist auferstanden
von aller Marter,
des sollen wir alle froh sein,
Christus soll unser Trost sein.
Kyrie eleison!

Halleluia, halleluia, halleluia,
des sollen wir alle froh sein,
Christus soll unser Trost sein.
Kyrie eleison!

NOVALIS
HYMNE

Ich sag es jedem, daß er lebt
Und auferstanden ist,
Daß er in unsrer Mitte schwebt
Und ewig bei uns ist.

Ich sag es jedem, jeder sagt
Es seinen Freunden gleich,
Daß bald an allen Orten tagt
Das neue Himmelreich.

Jetzt scheint die Welt dem neuen Sinn
Erst wie ein Vaterland;

Ein neues Leben nimmt man hin
Entzückt aus seiner Hand.

Hinunter in das tiefe Meer
Versank des Todes Graun,
Und jeder kann nun leicht und hehr
In seine Zukunft schaun.

Der dunkle Weg, den er betrat,
Geht in den Himmel aus,
Und wer nur hört auf seinen Rat,
Kommt auch in Vaters Haus.

Nun weint auch keiner mehr allhie,
Wenn eins die Augen schließt,
Vom Wiedersehn, spät oder früh,
Wird dieser Schmerz versüßt.

Es kann zu jeder guten Tat
Ein jeder frischer glühn,
Denn herrlich wird ihm diese Saat
In schönern Fluren blühn.

Er lebt und wird nun bei uns sein,
Wenn alles uns verläßt!
Und so soll dieser Tag uns sein
Ein Weltverjüngungsfest.

Aus: Geistliche Lieder

JOHANN KLAJ
CHRISTUS IN DER GESTALT
DES GÄRTNERS

Ach eile Maria, die zwitschernden Sänger
                      einziehn,
Ach eile Maria, der bittere Winter ist hin,
Der Felderbereifer
Und Wiesenerschleifer.

Es kommen die silberkrystallinen Brunnen
Durch Wälder und Felder mit Lispeln gerunnen,
Da rastet der Schläfer,
Der bräunliche Schäfer.

Die künstlichbemalete Tulipe prächtiglich läßt,
Dieweil sie geschmücket und sticket der blümichte West,
Der Kältebezwinger
Und Blumenanbringer.

Es kirren und girren die Tauben im Schatten,
Die frommen und friedlichen Störche sich gatten,
Violen ausblühen,
Was willst du verziehen?

Schau meinen durchbohreten Leib und eröffnete Brust,
Aus welcher gequollen der rötlichgefärbte Must,
Betrachte die Glieder,
Wie glänzen sie wieder:

Ach herze mich nicht, ich bin noch nicht gezogen
Hindurch die mit Sternen gewölbeten Bogen,

Der Fried ist getroffen,
Der Himmel ist offen.

Ach eile Maria, den flüchtigen Jüngern zu sagen,
Ich fahre zu meinem und euerem Vater mit Wagen,
Die Thronen mich gleiten,
Den Einzug bereiten.

PETER HUCHEL

OSTERN IN ALT-LANGERWISCH

In den Ostern, da wir Kinder waren,
und im Traufenblech der Schnee zerschmolz,
sprang mit seinen Grannenhaaren
uns der Hase aus dem Holz.

Durch den Distelwust, die holz'gen Stoppeln,
und umknarrt vom Krähenpaar,
sahn wir ihn auf langen Läufen hoppeln,
der zerstruppt und wollig war.

Hinten wippte seine weiße Blume
und ein Ohr hing schief und lang.
Aus dem Maulwurfsschwarz der Ackerkrume
schoß der Krokus, wo er sprang.

An der Brache, von der Schmelze moorig
und noch ohne Löwenzahn,
saß er horchend hoch und löffelohrig,
schaute braun und gut uns an.

Nur die Haare zitterten am Barte,
Sonne plusterte das Fell.
Und er zuckte mit der Lippenscharte,
hörte er vom Dorf Gebell.

Plötzlich schlug er seinen Haken
ins Gestrüpp im Zickzacklauf,
riß den klammen Weidenzacken
goldbepelzte Knospen auf.

Rauhreif stäubte, dünn wie Kleie,
fegte er den Garten hart.
Und am Bärlapp, am Salbeie
strich er seinen nassen Bart.

Und wir hetzten über Strunk und Knollen
unterm Wind dem Hasen nach,
der sich duckte in den Lehm der Schollen
und durch Lattich raschelnd brach.

Dreimal jagte er uns um die Scheune
und verschwand wie Zauberei.
Doch im Laubloch und im Nest der Zäune
lag sein feuerbuntes Ei.

~~~~~~~~~

17. März 1918

Großmutter, Fräulein Ella Gumprecht, Frau Schönfeld und Tante Otter zerbrechen sich den Kopf darüber, was ich zur Konfirmation anziehen soll. Ich brauche zwei Kleider: eins für den Tag der öffentlichen »Prüfung« in der Kirche, eins für die Einsegnung. Ich sehe schwarz.

»Noch schwärzer!« unkt mein Bruder Gil.

Gestern gingen Großmutter und Frau Schönfeld in die Stadt und kauften nach langem Suchen ein merkwürdiges Stück Stoff; es sieht genau wie diese seidigglänzenden, schillernden Lutschbonbons aus, die innen Streifen haben. Die Farbe war auch so: Bonbonrosa mit Weiß und Grün.

»O Gott!« seufzte Willi.

»Das gibt aber höchstens eine Bluse mit Ärmeln«, stellte ich fest. »Was soll ich denn für einen Rock dazu anziehen?«

Großmutter sagte niedergeschlagen, daß man den alten schwarzseidenen Rock von Tante Luise Otter ausleihen und etwas enger stecken könne. Ich heulte vor Wut und lief später auf den Hof, um Gretel zu holen und mit ihr spazierenzugehen. Ich mußte die Wut loswerden. Am selben Abend begann unter der Lampe ein großes Zuschneiden, aber diesmal ging's ans Konfirmationskleid. Großmutter hatte aus der Truhe, die auf dem Dachboden steht, eine braungrüne Ripsportiere geopfert, die, mit einer schmalen schwarzen Litze verziert, das Einsegnungskleid werden sollte. Frau Annchen hatte das Schnittmuster gekauft: ein halblanges Kleid auf Taille mit langen Ärmeln und einem kleinen runden Halsausschnitt. Die Ärmel haben unten ein Bündchen, und der Rock ist weitschwingend. »Ich borge dir auch meine goldene Kreuzkette mit dem Diamanten«, sagte Großmutter ängstlich. Ich sah sie an und dachte, daß ich sie über alles liebte und daß es scheußlich von mir gewesen war, über das Bonbonseidene vor Enttäuschung zu heulen.

Palmsonntag 1918

Abends. Heute sind wir Konfirmanden in der Stadtkirche eingesegnet worden. Es war ein sonniger Tag. Ich hatte das Ripsportierenkleid mit den schwarzen Litzen an. Wir Mädchen trugen ein schmales Halbkränzchen aus frischen Myrten im Haar. Die Myrten hatte Gretels Mutter von ihren Myrtenstöcken am Fenster abgeschnitten; Frau Schönfeld und Gretel hatten sie zum Kranz gebunden. An den Füßen trug ich schöne, federleichte schwarze Stoffschühchen mit winzigen Absätzen, die Großmutter zu meinem Entzücken aus einem Winkel hervorgezaubert hat; sie passen wie angegossen, und ich beschloß sofort, sie zu allen Tanzstunden anzuziehen. Großmutter und Frau Schönfeld sahen sich an und lächelten, Fräulein Ella Gumprecht aber platzte laut heraus, die Gans.

Ich trug Großmutters schwarzes Gesangbuch von 1862 mit dem vergoldeten Schnitt; von Tante Emma Haber war aus Berlin ein feines Spitzentaschentuch gekommen, und Großmutter« hatte ein kleines Kreuz aus echten Veilchen binden lassen und auf das Taschentuch gelegt. Auf meiner Brust hing ihre schwere goldene Kette mit dem Kreuz, in dessen Mitte ein Diamant funkelt. Aus allen Straßen kamen die dunkelgekleideten Konfirmandinnen und Konfirmanden; die Jungen tragen lange Hosen und einen Myrtenzweig am Rockkragen. Es schien, als sei die ganze Stadt unterwegs; ich sah auch Fräulein Kutschelis und alle Freunde und Bekannten. Muttchen hatte vom

»Amt« keinen Urlaub bekommen; sie hatte einen liebevollen Brief geschrieben. Auch von Onkel Bruno kam ein Feldpostbrief für mich; darin kündigte er mir das Buch *Aus der Mappe meines Urgroßvaters* von Adalbert Stifter an. Gilchen hat natürlich keinen Urlaub bekommen.

Zum erstenmal durften wir jetzt das heilige Abendmahl nehmen. Aber Tagebuch, ich hatte geglaubt, davon zutiefst erschüttert zu werden. Statt dessen dachte ich bloß immer voll Angst an unser Klosett; ich mußte dringend Pipi machen. Es war entsetzlich. Ich hatte so schreckliche Furcht, es könne noch in der Kirche passieren, und hoffte bloß, daß nicht so viele Leute vor der Kirchentür stehen und mir gratulieren würden. Wirklich, ich weiß kaum, wie ich nach Hause kam. Zum Schluß trippelte ich nur noch mit ganz engen Schrittchen neben Großmutter her.

Dafür war der Einsegnungskaffee desto schöner. Großmuttchen hatte meine besten Freundinnen eingeladen und den Ausziehtisch durch zwei Stuben gedeckt. Er bog sich fast unter den vielen Blumen, den Kaffeekannen und Kriegskuchen. Es gab falsche Schlagsahne aus Grieß und Zucker. Alle Mädchen brachten mir Geschenke, aber was mich fast umwarf, war, daß Irmchen Kenzler mir von ihren Eltern eine blitzneue, große Gitarre brachte. »El bobo« – mein Instrument! Ich konnte kaum sprechen, sondern saß mit »El bobo« in den Armen und roch den Geruch von Lack und Holz. Cohnchen, die von dem schönen Geschenk gewußt hatte, hat mir das erste Lautenband dazu gestickt; darauf stand: »Du, du liegst mir im Herzen!«

Übrigens heißt mein Einsegnungsspruch: »Sei getreu bis in den Tod, so will ich dir die Krone des Lebens geben.«

Aus: . . . da gibt's ein Wiedersehen! Kriegstagebuch
eines Mädchens 1914-1918

Es fing damit an, daß das Kind an der Haustür noch einmal umkehren mußte, um den wärmeren Mantel zu holen, der Himmel war grau, die Luft voller Schnee, aber die Wolken hingen sehr hoch, und der Wind, der inzwischen aufkam, würde sie möglicherweise rasch auseinandertreiben.

»Du mußt dich nicht kränken«, sagte die Mutter, als sie den alten, vertragenen Mantel mit dem abgeschabten Kaninchenpelz von dem Haken herunternahm. »Erstkommunionkinder haben immer schlechtes Wetter an ihrem Tag. Das war auch schon bei mir ganz genau so, als ich noch klein war wie du.« Sie seufzte ein wenig und dachte: »Gar nichts war so. Natürlich das Wetter. Aber sonst –.« Das Kind schien nicht hinzuhören, die Mutter sagte rasch und ermunternd: »Ein Glück, daß ich dir das Schottenkleidchen mit den langen Ärmeln gegeben habe; das weiße hast du dann nachmittags zum Kaffeetrinken an.«

»Ja – wenn wir die Torte essen«, erwiderte das Kind. »Meine Torte.«

»Denke an alles«, ermahnte die Mutter noch einmal. »Du weißt doch –«

»Ich weiß: an die Eltern«, wiederholte das Kind gehorsam. »An Onkel Erich in Kanada und meine tote Oma; daß Vati nicht mehr zum Volkssturm muß und daß die Russen bald hier sind.«

»Um Gottes willen, bist du verrückt?« rief die Mutter ärgerlich aus. Sie nahm das Kind an der Hand und ging mit ihm aus der Tür. »Wie kommst du darauf? Wenn dich einer gehört hat«, sagte sie ganz verwirrt. Aber eigentlich war sie nicht böse darüber. Angela fühlte es ganz genau und sagte mit einem verschmitzten Lächeln: »Ich denke es doch bloß. Ich sage es nur in meinem Herzen, wenn ich den Heiland empfangen habe . . .« Dieser Satz kam ganz nüchtern und kindlich an der Gefühlsgrenze ihrer sieben mageren Mädchenjahre heraus und überschritt diese Grenze mit keinem einzigen Wort.

»Vergiß nicht, gleich nach der Kommunion das Gesicht in die Hände zu legen«, fing die Mutter von neuem an. »Wir mußten viel mehr behalten als du, wir haben tagelang eingeübt, wie man hin- und zurückgeht, mit Kerzen und ohne, rechtsum und linksum, wer da nicht achtgab, brachte die Reihe durcheinander und störte die Feierlichkeit.«

»Und bekam keine Torte zu essen?« fragte das Kind gespannt.

»Doch«, sagte die Mutter, leicht gereizt. »Aber wir haben an diesem Tag wirklich an andere Dinge als an die Torte gedacht.«

»Hattet ihr auch eine Gittertorte?«

»Angela«, sagte die Mutter gequält, »nun halte aber den Mund.«

»Also gut. Ich denke an alles und lege auch das Gesicht in die Hände, wenn ich wieder an meinem Platz bin«, sagte die Kleine ernst. »Sitzt mein Kränzchen gerade?«

Natürlich vergaß sie hinterher doch, das Gesicht in die Hände zu legen. Sie war zu glücklich – ein Herz voller Glück, ein Mund voller Süßigkeit. Der reine, zarte Geschmack der Hostie, die sich auf ihre rosige Zunge wie auf ein Magnolienblatt legte . . . das Gefühl der Bedeutung des Augenblicks und ein plötzlich erwachtes Bewußtsein ihrer gesteigerten Größe . . . ließ das Kind alles andre vergessen . . . Dazu kam, daß jetzt wirklich die Sonne durchdrang und den golden flimmernden Grund der Apsis mit der großen Flügeltaube erzittern und plötzlich aufbrennen ließ. An der Abendmahlbank war ein Kommen und Gehen von älteren Männern und Frauen, Schulkindern und Soldaten – obwohl es ein gewöhnlicher Werktag mit stiller Messe war, drängten die Menschen in immer größerer Anzahl hinzu und flüchteten aus der Nähe des Todes in den Schutz des Lebendigen.

Man hatte Angela angestarrt und dann verständnisvoll ihren Kranz und die geschmückte Kerze betrachtet, die in dem Halter vor ihrem Platz stand: »Siehst du«, flüsterte eine Frau und neigte sich zu dem Feldwebel hin, der mit starrem Ausdruck neben ihr kniete, »das ist eins von den Kindern, welche noch rasch, bevor wir alle verloren sind, zur Kommunion geführt werden.« Der Mann zuckte unwillig mit den Schultern und wollte nichts davon hören; die Frau dachte trotzig: »Nun, etwa nicht? Wer weiß, ob wir alle den nächsten Tag oder die Nacht erleben!«

Nach der Messe wäre das Kind am liebsten gleich wieder nach Hause gegangen, aber dann kam noch der alte Pfarrer und gratulierte ihm. »Bleibe immer so brav wie heute«, sagte er väterlich. »Und sei heut so vergnügt, wie du kannst.« Angela lachte ganz unvermittelt, obwohl man noch in der Kirche war, der Pfarrer bückte sich tief herunter und fragte geheimnistuerisch: »Hat die Mutter auch Kuchen gebacken?«

»Eine Gittertorte«, sagte das Kind und wurde rot vor Glück.

Die Gittertorte wurde erst später, als die wenigen Gäste am Nachmittag kamen, feierlich aufgeschnitten; das erste Stück bekam Angela, dann wurde sie Tante Renate, die immerfort weinte, angeboten; zuletzt nahm die Mutter davon.

»Freust du dich?« hörte das Kind immer wieder; doch weil die Erwachsenen dabei seufzten, obwohl sie den

Mund zum Lächeln verzogen, dachte die Kleine, es wäre vielleicht nicht recht, sich zu freuen, oder man zeigte es besser nicht, und gab keine Antwort mehr. »Hörst du nicht, Angela? Ob du dich freust?«

»Doch.«

»Sehr?«

»Oh, ja.«

»Und worüber am meisten?«

»Über – alles«, sagte sie diplomatisch und fügte dann in dem Bewußtsein, sich höflich zeigen zu müssen, hinzu: »Darüber, daß heut kein Alarm ist.«

»Sie hat recht. Heut war wirklich noch kein Alarm. Hast du darum gebetet?«

»Nein.«

»Dann kann er also noch kommen.«

»Nein.«

»Natürlich kann er.«

»Er kommt nicht.«

»Und wenn er doch kommt?«

»Dann ist es nicht schlimm. Dann beschützt uns der liebe Gott.«

»Iß doch«, sagte die Mutter nervös. »Oder schmeckt dir die Torte nicht? Ich habe sie nämlich mit Lebertran gebacken«, erläuterte sie verlegen. »Aber man merkt es kaum.«

Sofort waren alle Erwachsenen wieder ganz unter sich, das Kind nahm sein Tellerchen, trug es sorgsam zu dem niedrigen Rauchtisch herüber und schob einen Hocker an.

»Mit Lebertran? Nein, wahrhaftig –.«

[Aber es kommt kein Alarm. Wenigstens nicht, bis die Torte gegessen ist, dachte das Kind. Nun streckte es vorsichtig einen Finger aus, tunkte ihn in den Belag aus roter Kirschmarmelade und leckte die Spitze ab.]

»Man muß den Tran nur ausglühen lassen –.«

[Nein. Sie merkten es wirklich nicht.]

»Willst du noch ein Stück Torte?«

»Ja.«

»Bitte, heißt das.«

[Wieso denn: bitte? Die Torte gehörte ihr doch.]

»Bitte.«

»Siehst du! Und wenn du noch eines willst –?«

»Nein, es soll etwas übrigbleiben.«

Alle Besucher lachten, es wurden Likörgläschen hingestellt: »von der Weihnachtszuteilung, wie?« Das Gespräch wurde lebhaft, und Angela hörte die Mutter sagen: »Am Abend gab es dann kalten Braten, Kartoffelsalat mit Mayonnaise und Bier oder noch einmal Wein. Tante Klara war so entsetzlich betrunken, daß sie anfing, Schlager zu singen – ich lag natürlich schon lang im Bett und hörte es durch die Wand. Meine Großmutter war ganz krank vor Ärger, und ich« . . . ihre Stimme schwankte . . . »weinte mich in den Schlaf.« – »Ja«, sagte Tante Renate hierauf. »Wir waren als Kinder sehr einsam. Heute weiß man das – Freud und Jung« – nun war es schon einerlei, ob sie alle botokudisch oder chinesisch sprachen, die Kleine verstand nichts mehr.

Kurze Zeit darauf ging das Telephon, die Mutter kam von dem Apparat mit verklärtem Gesicht zurück, jetzt war sie nicht älter als Angela, und Angela schämte sich, daß Tante Martha und Tante Renate merkten, wie klein die Mutter noch war. »Er hat den Luftschutzdienst abgeschoben, gleich wird er bei uns sein«, sagte sie – und zu dem Kind gewendet: »Freust du dich? Vati kommt her und ist da, wenn Alarm sein sollte.«

»Aber es kommt kein Alarm«, sagte Angela eigensinnig. –

Natürlich gab es trotzdem Alarm, genau um die Stunde wie immer; nur, daß sich die Flugzeuge diesmal rascher als sonst zu nähern schienen, der erste Bombenabwurf sehr nahe, der nächste noch näher zu hören war, und der dritte schon von der Kellerdecke den Kalk herunterfegte. Der Vater hatte das Kind auf dem Schoß und sah zu der Mutter herüber, beide schienen das Gleiche zu denken, plötzlich glaubte das Kind zu verstehen und sagte vorwurfsvoll: »Meine Torte! Ihr habt die Torte vergessen. Wenn jetzt eine Bombe daraufällt –.«

Wieder hatte die Mutter denselben gequälten Ton in der Stimme wie heute morgen und sagte genau so: »Nun halte aber den Mund.«

»Laß sie doch«, sagte der Vater mit ausgetrockneter Kehle.

»Ihr kann heute nichts mehr passieren.«

»Nein. Heut ist mein Erstkommuniontag«, sagte das Kind erfreut. Seine Worte gingen in einem Einschlag von ungewöhnlicher Härte unter, der Boden bebte, die Balken knirschten, die ganze Luft war voll Staub. Vater und Mutter legten jetzt beide einen Arm um die Schultern des Kindes. »Mein Engel«, sagte die Mutter leise mit flehentlichem Ausdruck; als Antwort nahm Angela ihre Hand [die andere, welche schlaff in dem Schoß lag] und schloß das eigene Pfötchen darüber; der Vater griff hinter sich nach dem Mundtuch und band es Angela vor das Gesicht: »Tief atmen . . . sei ruhig . . .« [Was meinte er nur? Sie redete doch nicht.] Schlag, Schlag um Schlag. Nun begannen sie, den 90. Psalm zu beten. Angela kannte ihn und sprach mit, die Flugzeuge schienen das ganze Haus mit ihrem Gebrumm zu bedecken . . .

[Fittichen . . . Fittichen schirmt er dich . . . und unter seinen Flügeln . . . nicht brauchst du dich zu fürchten vor dem Graun der Nacht . . . dir wird kein Unheil widerfahren, noch eine Plage deinem Zelte nahen . . . so wirst du über Nattern schreiten . . . Schlangen . . . wirst Löwen . . .

Drachen . . . rette ihn . . . beschirme ihn . . . weil er mich
kennt. Ich will ihn sättigen mit langem Leben . . .]

»Das nimmt kein Ende.«

»Doch. Hörst du nicht, daß die Flugzeuge sich entfer-
nen? Dieser Einschlag war weiter fort«, sagte der Vater
laut.

Noch ehe entwarnt wurde, hörten sie Stimmen am Eingang der Kellertreppe. »Lebt ihr da unten noch? Seid ihr
noch da? Das obere Stockwerk ist eingestürzt; wir helfen
euch heraus. Zuerst die Kleine. Komm, Angela, fasse mich
um den Hals! Hast du Angst gehabt?«

»Nein.«

»Gib acht, hier liegt Glas. Der Küchenanbau ist ganz
geblieben, hier ist es hell wie am Tag.«

Der Nachbar setzte die Kleine ab und wandte sich
wieder um. Das Licht des höher steigenden Mondes ver-
mischte sich mit dem fahlroten Glanz riesiger Feuers-
brünste und erfüllte den ganzen Raum. »Die Torte –. Da
steht sie noch«, sagte das Kind. »Man braucht nur den
Staub abzublasen –.«

UWE JOHNSON
OSTERWASSER

Im Frühjahr nach dem Krieg sah Cresspahls Tochter in
dem mannshohen Spiegel neben der Küchentür eine dürre
langbeinige Gestalt vorbeistaken. Da fiel ihr das Osterwasser ein.

Sie ging in den Spiegel hinein, bis sie den Rahmen mit
beiden Händen halten konnte, und näherte ihren besorg-
ten Blick dem Sattel Sommersprossen, der auf ihrer Nase

den Winter überstanden hatte. Sie suchte mit dem einen Auge im andern zu lesen, ob man mit dreizehn Jahren zu erwachsen war für Osterwasser. Ihr Kopf rutschte schräg, bis sie mit langer Zungenspitze deren Bild hinter dem Glas anstoßen konnte so behutsam wie die Katze, die ihr eben durch den Sinn schlich.

Mitten im Sprung durchs Fenster kam ihr Zweifel. Osterwasser mußte man holen am ersten Feiertag vor Sonnenaufgang, aus einer Quelle, und sprechen durfte man kein Sterbenswort, sonst verlor es die Wirkung. Die Wirkung versprach Schönheit für die Haut, die damit gewaschen war.

Eine Quelle bei Jerichow wußte sie aber nicht. Die schwächlichen Grabenflüsse kamen alle tief aus Mecklenburg. Sie zog ein Bein hoch und überlegte mit den Zehen, ob auch gehendes Wasser zu Ostern kräftig wurde. Zu ihrer Freundin Inge mochte sie deswegen nicht gehen, nachdem sie neulich von Inges Großmutter ein Marmeladenbrot angenommen hatte und beide ihr beim Essen so aufmerksam zusahen. Wenn Gesine still saß wie jetzt auf dem Fensterbrett, und die Gedanken blieben stehen und hielten die baumelnden Beine an, fühlte sie sich leer in der Mitte. Sie schluckte eben, als sie Schritte hinterm Haus kommen hörte. Sie sprang hinaus. Ihr Vater hielt mehr von Türen.

Aber wer heutzutage in Cresspahls Haus durch die Türen ging, konnte nicht in Ruhe überlegen, ob vielleicht die Ostsee auch eine Quelle war. Vor den Türen mußte heutzutage angeklopft werden, weil hinter ihnen die Flüchtlinge kochten, wuschen, halbnackt waren, schliefen, und noch beim Durchqueren der Küche mußte die Tochter des Hauses ein Wort abgeben, damit die Vertriebenen sich nicht angefeindet fühlten. Sie mochte auch nicht angeredet werden oder fremde Hände auf dem Kopf, außer von Jakobs Mutter, die das Mädchen aber nicht anrührte. Die Tochter des Hauses lief aufwärts durch den toten Garten hinter den Trockenschuppen der Ziegelei und kletterte nach oben auf die Stufen der halb abgetragenen Mauer. Über den Spitzen des Holunders sah sie den blassen Jungwuchs der Wiesen mit Altgras verfilzt. Hinter den Koppelzäunen wischte die Luft das kahle Bruch in eins. Fingerschmal standen im Westen die Schloßwälder, durch die Gräben gingen mit dem Wasser von den Seen.

Am Sonnabend vor dem Fest war Jakob von den Bauern zurückgekommen und packte in der Küche aus der schwarzledernen Kastentasche langsam auf den Kacheltisch. Sie kam mit dem Holzkorb herein, warf ihn an den Herd und wartete gebückt halb umgewandten Kopfes, weil er sechs Jahre älter war und erwachsen. Er sagte na und du. Sie packte ihre Beine auf den Schemel und schaukelte in den Knien, stützte sich zum Tisch hinüber. Er hatte ein abgezogenes, ausgenommenes Kaninchen mitgebracht, einen Klumpen Butter, einen ungleichmäßigen Kristall roten Viehzuckers, Eier. Ein Ei rollte abseits zu ihrer Tischecke, fing sich in ihrer rasch aufgestellten Hand, die es zurückschickte. Jakob drehte es mit dem Finger wieder in Bewegung zu ihr und sagte: Mit Zucker, kennst du das? Gesine setzte das Ei auf die Spitze, ließ es stehen, polkte mit fünf Fingern am oberen Schalenende und fragte Jakob, wie sie zu Hause Osterwasser geholt hätten.

Jakob saß krumm da. Er war zwei Stunden zu Fuß gegangen. Er hatte Staub im Gesicht. Er war so alt, daß er für seine Mutter das Essen verdienen konnte und für ein fremdes Mädchen noch ein Ei. Mit Zucker hatte sie noch nie eins gegessen. Sie schloß die Augen, legte den Kopf zurück und ließ sich das Ei in den Hals laufen, während Jakob erzählte, daß das Osterwasser in Pommern aus einer Quelle oder fließendem Wasser geholt worden war. Man mußte es trinken oder sich damit gewaschen haben, bevor der Osten heller war. Man durfte kein Wort sprechen, und es hatte für Gesundheit und Schönheit gegolten. – Soll ich dich wecken? fragte er.

Sie hatte im vorigen Jahr verschlafen, schwenkte aber leicht den Kopf, der an dem schmutzfleckigen Ei sog, und sah aus spaltoffenen Augen zu ihm hin. Er hatte den Blick gar nicht gewandt. – Sprich ja nicht: sagte er. Er sah etwas neben ihren Augen. Dann kam die Lehrerin aus Westpreußen in die Küche und fragte nach Cresspahl, während sie öfter zu dem blutstreifigen Kaninchenkörper und zu den Eiern hinblickte. Gesine mochte nicht zusehen wie er der Frau nichts abgab und ging mit dem leeren Korb zurück zum Holzplatz.

In der schwarzen Nacht lag sie wach und zählte die Stundenschläge aus ihres Vaters Zimmer. Vom offenen Fenster kam es kalt. Einmal fuhr sie auf, weil die Katze am Fußende des Bettes heftig den Kopf gehoben hatte. Das einjährige Russenkind der Lehrerin weinte im Schlaf, und die Wände redeten unruhig. Nach Mitternacht fing der Wind an und rüttelte die Fensterhakenaugen in den Zapfen. Eine Dachpfanne klirrte kurz an der Wand des Ziegeleischuppens herunter. In Pommern war Osterwasser auch für Gesundheit. Wenn der Hunger wehtat, hörte er auf gesund zu sein. Hoffentlich machte Jakobs Mutter die Eier nicht zum Verstecken, sondern briet sie richtig in der Pfanne, die so heiß und fettig war, daß der Rand die Schalen schnitt wie ein Messer. Als sie aufwachte, war es draußen grau.

Sie tat alles auf Zehenspitzen, weil Cresspahl ihr verboten hatte, in einem Kleid aus dem Haus zu gehen. Sie nahm das grünsamtene, mit dem ihre Tante Papenbrock vor vierzig Jahren zum Konfirmandenunterricht gegangen war. Aus den Holzpantoffeln stieg sie leise wieder aus. Vor dem Spiegel griff sie sich mit beiden Händen die Haare hoch und versuchte, am Gesicht entlang sich in den Nacken zu blicken. Das ins Sandgraue verschossene Kleid hing in breiten Falten zu einer Glocke an ihr herunter, der Kragen flappte lumpig, und mit dem schwer verschatteten Gesicht auf dem mageren Hals kam sie sich fremd vor wie ein Gespenst. Schnell ließ sie das Haar fallen, behielt die Hände oben und gab sich mit beiden abgespreizten Daumen das Zeichen: Nicht sprechen. Keine Angst.

Als sie unbemerkt zwischen Koppelzaun und Ziegelei auf den Feldweg gekommen war, fing sie an zu laufen mit dem bauchigen Eimer in der Hand. Neben der Karrenspur hatten die Kühe sich einen Steig getrampelt, der war so breit wie ihr Fuß lang, und sie konnte laufen wie die Kühe ein Bein vor das andere schwingen und die Füße setzen. Die Pfadränder waren noch nicht abgetreten, das dickbetaute Gras wischte ihr die Beine naß bis unter die Knie.

Nicht lange, und ihr Arm wurde den Eimer müde, fiel und schlug ihr die scharfe Standkante ans Bein. Sie hielt fast augenblicklich an und sah sich um. Sie war kaum vorangekommen. Die Stadt ließ sich noch nicht in einem Blick umfassen, Cresspahls Haus stand deutlich, von der Villa dahinter kam Fensterlicht. Am Ziegeleischuppen bewegte sich etwas Langes, das lebte, kroch auf den Koppelweg vor, glitt weg. Sehr langsam wandte sie den Kopf wieder nach vorn. Das fahle Licht schien immer stärker, nahm den Wiesen, den Weiden, den fernen Wäldern, dem Himmel, ihren Füßen im Gras, allem die Farbe. Osten war hinter ihr.

Die Sonne lief ihr nach, sie mußte schneller sein. Eine Zeit lang war es lustig, den Eimer im vollen Lauf von einem Arm zum andern zu schwingen. Nur über die Koppelschlecke kam sie langsam, und erst beim letzten hatte sie begriffen, daß der Eimer zum Werfen war. Da war sie schon um das Bruch herum. Es gab einen Weg hindurch, aber im Bruch hatte sich eine alte Frau mit drei Kindern ertränkt, als die russischen Truppen für den nächsten Tag angesagt waren. Auch Neugeborene wurden dahin gebracht. Kurz, sie hätte da jemanden treffen können, und sie durfte noch nicht sprechen.

Nach einer Stunde war sie anderthalb Stunden von Jerichow entfernt und stand mit halbnassem Kleid, sandbespritzten Beinen vor dem Eingang zum Schloßwald. Sie ging auf Zehenspitzen hinein. Die Kiefern standen so starr. Die Kronen verdunkelten den stillen Raum zwischen den Stämmen. Der Fußweg lag voller Nadeln, rostgelb und grün, Zapfen, dünnem Astbruch, als sei da niemand gegangen. Die Schritte donnerten in ihren Ohren. Sie nahm den Eimer unter einen Arm und hielt mit der anderen Hand den Henkel fest, damit er nicht mehr klapperte.

Die Schneeschmelzen und Regen aller Jahre hatten tiefe Mulden in den Weg gewühlt, er ging auf und ab, Gebüsch wuchs ihn zu an den Seiten, und der Stern schien ihr wieder dunkel wie die Nacht. Der Stern war eine Kreuzung von drei Fahrwegen und zwei Fußwegen. Der Försterweg stieg so steil an, daß er auf den freien Himmel führte. Sie nahm den schrägen Steig zum Wehr, überhängende Äste schlugen zu, Büsche jagten sie. Später wußte sie nicht mehr, ob sie den Rauch eher gesehen oder eher gerochen hatte. Er war so plötzlich vor ihr, als sei sie in die Russen hineingelaufen. Hohe kantige Tarnzelte standen vor ihr, verstellt durch blattloses Unterholz. Atemlos steif setzte sie einen Fuß hinter den andern rückwärts. Die Wache saß über ihr auf dem Hochstand. Es war ein Soldat allein. Er legte den Karabiner quer, damit er sich vorbeugen konnte über das Mädchen mit dem riesigen Eimer, das sich jetzt langsam in den Hüften wegdrehte, das Biwak im Blick hielt, die nackten Füße mit den Zehen zuerst aufsetzte, Astzeug umtrat, endlich völlig umgewandt starrstand, Atem holte, lief. Der Soldat fingerte den Zigarettenstummel aus der hohlen Hand, führte ihn zum Mund, sog so schwer als seufzte er. Jetzt hätte man unter ihm durchgehen können, ohne daß die verkniffenen Augen unter den verkniffenen Brauen sich gerührt hätten.

Das brachte ihr den Umweg über die Försterei ein, der bog fast ganz um die Hügelkuppe, und im Tal des Gräfinnenwalds zwischen den Buchen erwischte sie einen Blaubeerensteig, der am dritten Graben aufhörte. Über die ersten beiden hatte sie springen können. Hier war noch der Abdruck des Rundholzes zu erkennen, das quergelegen hatte. Das Wasser roch faulig, stand still. Sie schleuderte den Eimer in die lichteste Stelle des Gesträuchs auf der anderen Seite, lief ein paar Schritte zurück und sprang. Ein Fuß sackte ihr sehr lange weg in den morastigen Grabenrand, und als sie sich hochgerobbt hatte, wäre sie am liebsten so liegen geblieben. Und sie hatte so viel Zeit verloren. Sie dachte ein Schimpfwort so herzlich, daß sie einen Augenblick lang fürchtete gesprochen zu haben.

Sie saß eben halb und hatte einen Arm zum Eimer hingestreckt, als sie den Mann sah. Seine große hängende Hand zuckte. Die schweren Soldatenhosen standen dicht bei ihren Händen, an ihrer Schulter, über dem grasfleckigen Hemd sah sie harte Bartstoppeln einzeln. Das Gesicht war sanft, unbewegt, nicht einmal ihr zugeneigt. Krumm gebogene Finger strichen Haar aus der Stirn, kreideweiche Stimme sagte etwas.

Sie schüttelte nicht einmal den Kopf, wirbelte auf den Rücken, stand, ging rückwärts, die Lippen fest verschlossen. Als ihre Fersen den Grabenrand spürten, war sie versucht hinter sich zu sehen. Der Mann hatte seinen

Stand nicht gerührt, hielt sie mit den Augen fest, sein Mund hing verzogen.

Er stand im Weg. Die Wegmündung, sechs Schritt breiter Grasflecken, ließ ihr nicht Platz für einen Anlauf nach drüben. Das Erlenholz stand zu dicht und würde sie abprellen, wenn sie ausbrach. Sie trat einen halben Schritt seitwärts. Der Mann trat einen halben Schritt seitwärts.

Sie warf sich mit dem Rücken gegen seine Knie, als er ansetzte, aber im Fallen griff er sie, zog sie über sich, legte sich behaglich zurecht unter ihr und fing an, ihr an den Ohren entlang zu streichen, als spürte er ihre stoßenden Knie nicht. – Mädchen: sagte er, – Mädchen, wie ein Überraschter, staunend. Sie merkte Jakob schon auf der anderen Seite aus den Büschen treten, als sie den Kopf halb aus dem breithändigen Griff zwängen und zubeißen konnte. Sie kam nicht frei. Der Sprung drückte Jakob neben ihnen in die Knie, er federte hoch, stieß den Liegenden mit steifem Fuß gegen den Hals, riß sie hoch und warf sie mit einer Hand rücklings in die Erlen.

Vorgebeugt mit hängenden Armen sagte er etwas. Sie verstand nicht. Der andere lag, blickte starr, stemmte die Ellenbogen auf, stieß im Aufsprung Jakob von den Füßen, bückte sich über ihn, bekam Jakobs Knie ans Kinn, riß ihn im Fallen über sich, würgte Jakobs Hals, stöhnte unter ihrem Fußtritt, hatte losgelassen. Jakob stand wieder. Der andere griff sich mühsam hoch an den dünnen Stämmen, richtete sich krumm auf. Diesmal schlug Jakob zuerst, gegen Kinn, Hals, Schläfe, Augen, bis die torkelnden Bewegungen des anderen zusammenfielen. Jakob zog ihm die Hände unter dem Körper hervor, band sie zusammen mit Peitschenriemen aus der Hosentasche, riß den Eimer aus dem Gebüsch und hielt eben die Fingergabel vor die Lippen, als Gesine den Mund aufmachen wollte.

Er ging voran. Nach ein paar Metern wandte er den

Kopf und winkte sie vorwärts um die Wegbiegung. Sie kamen an eine tote Feuerstelle, neben der eine Aktentasche lag, ein Kochgeschirr, offene Konservendosen, Decken der Luftwaffe. Jakob ging einmal um die schwarzgraue Asche herum, nahm eine Dose in die Hand, stellte sie zurück. Er atmete schwer. Dann sah er die Maschinenpistole, griff sie am zerkerbten Schaft hoch, schwenkte fragend das Gesicht. Gesine fing an zu gehen.

Als sie anfing zu weinen, nahm er sie an der Hand und zwang sie zum Laufen. Der gleichmäßige Trab brachte ihren Atem in Ordnung, im Vorholz hat sie (glaubt sie) nicht mehr geweint. Dann kamen sie auf die Schilfwiese, sahen über Knickstufen, Zäune, ausgebleichte Wiesen die graue See und grau den großen Graben darauf zukriechen. Jakob blieb stehen.

Vom Wehr aus sah sie ihn auf einem Koppelpfahl hocken, mit ausgestreckten Beinen, das Gesicht gekehrt gegen das Vorholz, hinter dem Jerichow war. Die Kälte des rostigen Eisenstegs brannte ihre Sohlen. Über die Wiesen kam harter Wind herangefegt. Sie zog sich das Kleid über den Kopf und hangelte sich am Steggeländer in das schwarzklare Wasser bis an die Schultern. An einem Arm hängend wischte sie sich eine Handvoll Wasser ins Gesicht, stemmte sich zitternd hoch mit den Beinen, kroch keuchend zurück ins Kleid, dem rasch dunkelgrüne Flecken durchschlugen. Als sie mit dem leeren Eimer an der Hand neben Jakob ankam, wurde das verwischte Meerende haarbreit kantig, scharf, hell. Als sie um das Vorholz herumgelaufen waren, zitterte der Bischofsmützenturm schon im Tageslicht.

Sie waren vor dem Frühstück am Haus. Sie lag schon im Bett, als Cresspahl durch die Tür sagte, wach, mürrisch: Zieh dir ja Hosen an, du. Er ließ sie aber schlafen, bis Inge kam.

Inge kam, mit der sie vor Zeiten einmal befreundet gewesen war, und erzählte vom Kirchgang. Sie hatte auch Osterwasser holen wollen, aus dem Bruch, aber schon vor dem Haus hatte ihr Heini Lang aufgelauert und Fratzen geschnitten, bis sie gelacht hatte. Lachen bedeutet ja noch nichts, aber Reden bedeutet, und sie hatte Heini Lang ja angeschrien, den.

In der Woche nach Ostern wurde in die sowjetische Kommandantur gegenüber Cresspahls Haus ein deutscher Soldat gefahren, den die Russen westlich vom Gräfinnenwald aufgegriffen hatten. In der Stadt wurde erzählt, er sei aus der Gefangenschaft gelaufen. Er war so kaputt vom Krieg, daß er sich nicht in sein Dorf traute und Wochen lang im Wald davor kampiert hatte. Der war durcheinander, den haben sie weggebracht, hat wirr geredet.

Den vergaß sie. Aber lange später noch trieb das Datum von Ostern, ein geöffnetes Fenster, davor rasch ins Frühjahr laufende Luft ihr Herz so schnell wie das des Mädchens, das bei Cresspahl am Tisch saß, mit einer Hand im wassersträhnigen Haar den Widerschein des Blicks in Jakobs Gesicht las und sich gesagt sein ließ, daß Weinen gegen Osterwasser nicht bedeutet, damit du schön wirst, gut zu sehen.

Es hatte Spiegeleier gegeben mit Speck und Bratkartoffeln. Sie war so satt, die Augen fielen ihr zu.

KALENDERBLATT
APRIL

~~~~~~~

Am ersten Sonntag nach dem ersten Frühlingsvollmond –
das Konzil von Nicäa hat es 325 so bestimmt – ist Ostern
zu feiern, das höchste Fest der christlichen Kirchen.
Darum herum gruppieren sich die anderen feierlichen
Tage: Palmsonntag, Gründonnerstag, Karfreitag, Kar-
samstag, der Weiße Sonntag und der Dreifaltigkeitssonn-
tag. Die evangelische Kirche begeht den Tag der Konfirmation.

Als aber der Sabbat um war und der erste Tag der Woche
anbrach, kam Maria Magdalena und die andere Maria, das
Grab zu besehen. Und siehe, es geschah ein großes Erdbeben. Denn der Engel des Herrn kam vom Himmel herab,
trat hinzu und wälzte den Stein von der Tür und setzte
sich darauf. (. . .) Die Hüter aber erschraken vor Furcht
und wurden, als wären sie tot. Aber der Engel antwortete
und sprach zu den Weibern: Fürchtet euch nicht! Ich
weiß, daß ihr Jesum, den Gekreuzigten, sucht. Er ist nicht
hier; er ist auferstanden, wie er gesagt hat.
<div align="center">Matthäus 28, 1-6</div>

<div align="center"><em>Sprüche</em></div>

Quaken die Frösche im April
noch Schnee und Regen kommen will.

April, April,
der weiß nicht,
was er will!

›Floret silva nobilis
floribus et foliis.
ubi est antiquus
meus amicus?
hinc equitavit!
eia! quis me amabit?
    Floret silva undique,
    nâh mîme gesellen ist mir wê!

Gruonet der walt allenthalben.
wâ ist mîn geselle alsô lange?
der ist geriten hinnen.
owî! wer sol mich minnen?‹

›Es blüht der Wald herrlich
in Blumen und Blättern.
Wo ist mein
früherer Freund?
Von hinnen ist er geritten!
Ach, wer wird mich lieben?
    Überall blüht der Wald,
    Nach meinem Gesellen ist mir weh!

Es grünt der Wald allenthalben.
Wo ist mein Geselle so lange?
Der ist von hinnen geritten.
O weh! Wer wird mich lieben?‹

Auf rosenfarbnem Gewölke, bekränzt mit Tulpen und
                                Veilchen,
Sank jüngst der Frühling vom Himmel. Aus seinem Busen
                                ergoß sich
Die Milch der Erden in Strömen. Schnell rollte von Hügel
                                und Bergen
Der Schnee in Haufen herab, und Felder wurden zu
                                Seen. – – –
Allmählich versiegte die Flut. Von eilenden Dünsten und
                                Wolken
Flohn junge Schatten umher. Es schien der Himmel
                                erweitert
Und war voll Schimmer und Strahlen. Zwar streute der
                                weichende Winter
Noch oft bei nächtlicher Umkehr von den geschüttelten
                                Flügeln
Reif, Eis und Schauer von Schnee; noch ließen wütrische
                                Stürme
Die rauhe, dumpfige Stimm aus Islands Gegend ertönen,
Durchstreiften klagende Klüfte, verheerten taumelnde
                                Wälder
Und bliesen Schrecken und Furcht herum, Verderben und
                                Kälte.
Doch endlich siegte der vor noch ungesicherte Frühling.
Die Luft ward sanfter; es deckt' ein bunter Teppich die
                                Felder;
Die Schatten wurden belaubt, ein sanft Getöne erwachte
Und floh und wirbelt' umher im Hain voll grünlicher
                                Dämmrung;

Die Bäche färbten sich silbern, im Luftraum flossen
Gerüche
Und Echo höret im Grunde die frühe Flöte des Hirten.

Ihr, deren zweifelhaft Leben gleich trüben Tagen des
Winters
Ohn Licht und Freude verfließt, die ihr in Höhlen des
Elends
Die finstern Stunden verseufzt, betrachtet die Jugend des
Jahres!
Dreht jetzt die Augen umher, laßt tausend farbigte Szenen
Die schwarzen Bilder verfärben! Es mag die niedrige
Ruhmsucht,
Die schwache Rachgier, der Geiz und seufzender
Blutdurst sich härmen;
Ihr seid zur Freude geschaffen, der Schmerz schimpft
Tugend und Unschuld.
Saugt Lust und Anmut in euch! Schaut her, sie gleitet im
Luftkreis
Und grünt und rieselt im Tal. Und ihr, ihr Bilder des
Frühlings,
Ihr blühenden Schönen, flieht jetzt den atemraubenden
Aushauch
Von güldnen Kerkern der Städte! Kommt, kommt in
winkende Felder!
Kommt, überlasset dem Zephir die kleinen Wellen der
Locken,
Seht euch in Seen und Bächen, gleich jungen Blumen des
Ufers!
Pflückt Morgentulpen voll Tau und ziert den wallenden
Busen!

Aus: Der Frühling

Wie im Morgenrot
Du rings mich anglühst,
Frühling, Geliebter!
Mit tausendfacher Liebeswonne
Sich an mein Herz drängt
Deiner ewigen Wärme
Heilig Gefühl,
Unendliche Schöne!

Daß ich dich fassen möcht'
In diesen Arm!

Ach, an deinem Busen
Lieg' ich, schmachte,
Und deine Blumen, dein Gras
Drängen sich an mein Herz.
Du kühlst den brennenden
Durst meines Busens,
Lieblicher Morgenwind,
Ruft drein die Nachtigall
Liebend nach mir aus dem Nebeltal.

Ich komme! Ich komme!
Wohin? Ach, wohin?

Hinauf, hinauf strebt's,
Es schweben die Wolken
Abwärts, die Wolken
Neigen sich der sehnenden Liebe,

Mir, mir!
In eurem Schoße
Aufwärts,
Umfangend umfangen!
Aufwärts
An deinem Busen,
Alliebender Vater!

Die Sonne glänzt, es blühen die Gefilde,
Die Tage kommen blütenreich und milde,
Der Abend blüht hinzu, und helle Tage gehen
Vom Himmel abwärts, wo die Tag entstehen.

Das Jahr erscheint mit seinen Zeiten
Wie eine Pracht, wo Feste sich verbreiten,
Der Menschen Tätigkeit beginnt mit neuem Ziele,
So sind die Zeichen in der Welt, der Wunder viele.

Mit Untertänigkeit

d. 24. April 1839   Scardanelli

Es färbte sich die Wiese grün,
Und um die Hecken sah ichs blühn;
Tagtäglich sah ich neue Kräuter,
Mild war die Luft, der Himmel heiter:
Ich wußte nicht, wie mir geschah
Und wie das wurde, was ich sah.

Und immer dunkler ward der Wald,
Auch bunter Sänger Aufenthalt,
Es drang mir bald auf allen Wegen
Ihr Klang in süßem Duft entgegen.
Ich wußte nicht, wie mir geschah
Und wie das wurde, was ich sah.

Es quoll und trieb nun überall,
Mit Leben, Farben, Duft und Schall;
Sie schienen gern sich zu vereinen,
Daß alles möchte lieblich scheinen.
Ich wußte nicht, wie mir geschah
Und wie das wurde, was ich sah.

So dacht ich: ist ein Geist erwacht,
Der alles so lebendig macht
Und der mit tausend schönen Waren
Und Blüten sich will offenbaren?
Ich wußte nicht, wie mir geschah
Und wie das wurde, was ich sah.

Vielleicht beginnt ein neues Reich,
Der lockre Staub wird zum Gesträuch,
Der Baum nimmt tierische Gebärden,
Das Tier soll gar zum Menschen werden.
Ich wußte nicht, wie mir geschah
Und wie das wurde, was ich sah.

Wie ich so stand und bei mir sann,
Ein mächtger Trieb in mir begann.
Ein freundlich Mädchen kam gegangen
Und nahm mir jeden Sinn gefangen.
Ich wußte nicht, wie mir geschah
Und wie das wurde, was ich sah.

Uns barg der Wald vor Sonnenschein.
Das ist der Frühling! fiel mir ein;
Und kurz, ich sah, daß jetzt auf Erden
Die Menschen sollten Götter werden.
Nun wußt ich wohl, wie mir geschah
Und wie das wurde, was ich sah.

CLEMENS BRENTANO
FRÜHLINGSSCHREI EINES KNECHTES
AUS DER TIEFE

Meister, ohne dein Erbarmen
Muß im Abgrund ich verzagen,
Willst du nicht mit starken Armen
Wieder mich zum Lichte tragen.

Jährlich greifet deine Güte
In die Erde, in die Herzen;
Jährlich weckest du die Blüte,
Weckst in mir die alten Schmerzen.

Einmal nur zum Licht geboren,
Aber tausendmal gestorben,
Bin ich ohne dich verloren,
Ohne dich in mir verdorben.

Wenn sich so die Erde reget,
Wenn die Luft so sonnig wehet,
Dann wird auch die Flut beweget,
Die in Todesbanden stehet.

Und in meinem Herzen schauert
Ein betrübter, bittrer Bronnen;
Wenn der Frühling draußen lauert,
Kommt die Angstflut angeronnen.

Weh! durch giftge Erdenlagen,
Wie die Zeit sie angeschwemmet,
Habe ich den Schacht geschlagen,
Und er ist nur schwach verdämmet.

Wenn nun rings die Quellen schwellen,
Wenn der Grund gebärend ringet,
Brechen her die bittern Wellen,
Die kein Witz, kein Fluch mir zwinget.

Andern ruf' ich: Schwimme! schwimme!
Mir kann dieser Ruf nicht taugen,
Denn in mir steigt ja die grimme
Sündflut, bricht aus meinen Augen.

Und dann scheinen bös Gezüchte
Mir die bunten Lämmer alle,
Die ich grüßte; süße Früchte,
Die mir reiften, bittre Galle.

Herr, erbarme du dich meiner,
Daß mein Herz neu blühend werde!
Mein erbarmte sich noch keiner
Von den Frühlingen der Erde.

Meister! Wenn dir alle Hände
Nahn mit süß erfüllten Schalen,
Kann ich mit der bittern Spende
Meine Schuld dir nimmer zahlen.

Ach! wie ich auch tiefer wühle,
Wie ich schöpfe, wie ich weine,
Nimmer ich den Schwall erspüle
Zum Kristallgrund fest und reine.

Immer stürzen mir die Wände,
Jede Schicht hat mich belogen,
Und die arbeitblutgen Hände
Brennen in den bittern Wogen.

Weh! der Raum wird immer enger,
Wilder, wüster stets die Wogen,
Herr! o Herr! ich treibs nicht länger –
Schlage deinen Regenbogen!

Herr, ich mahne dich: verschone!
Herr, ich hört in jungen Tagen:
Wunderbare Rettung wohne –
Ach! – in deinem Blute, sagen.

Und so muß ich zu dir schreien,
Schreien aus der bittern Tiefe,
Könntest du auch nie verzeihen,
Daß dein Knecht so kühnlich riefe.

Daß des Lichtes Quelle wieder
Rein und heilig in mir flute,
Träufle einen Tropfen nieder,
Jesus, mir von deinem Blute!

LUDWIG UHLAND
FRÜHLINGSGLAUBE

Die linden Lüfte sind erwacht,
Sie säuseln und weben Tag und Nacht,
Sie schaffen an allen Enden.
O frischer Duft, o neuer Klang!
Nun, armes Herze, sei nicht bang!
Nun muß sich alles, alles wenden.

Die Welt wird schöner mit jedem Tag,
Man weiß nicht, was noch werden mag,
Das Blühen will nicht enden.
Es blüht das fernste, tiefste Tal:
Nun, armes Herz, vergiß der Qual!
Nun muß sich alles, alles wenden.

An ihren bunten Liedern klettert
Die Lerche selig in die Luft;
Ein Jubelchor von Sängern schmettert
Im Walde, voller Blüt und Duft.

Da sind, so weit die Blicke gleiten,
Altäre festlich aufgebaut,
Und all die tausend Herzen läuten
Zur Liebesfeier dringend laut.

Der Lenz hat Rosen angezündet
An Leuchtern von Smaragd im Dom;
Und jede Seele schwillt und mündet
Hinüber in den Opferstrom.

JOSEPH VON EICHENDORFF
FRISCHE FAHRT

Laue Luft kommt blau geflossen,
Frühling, Frühling soll es sein!
Waldwärts Hörnerklang geschossen
Mutger Augen lichter Schein;
Und das Wirren bunt und bunter
Wird ein magisch wilder Fluß,
In die schöne Welt hinunter
Lockt dich dieses Stromes Gruß.

Und ich mag mich nicht bewahren!
Weit von euch treibt mich der Wind,
Auf dem Strome will ich fahren,
Von dem Glanze selig blind!
Tausend Stimmen lockend schlagen,
Hoch Aurora flammend weht,
Fahre zu! Ich mag nicht fragen,
Wo die Fahrt zu Ende geht!

EDUARD MÖRIKE
IM FRÜHLING

Hier lieg ich auf dem Frühlingshügel:
Die Wolke wird mein Flügel,
Ein Vogel fliegt mir voraus.
Ach, sag mir, alleinzige Liebe,
Wo du bleibst, daß ich bei dir bliebe!
Doch du und die Lüfte, ihr habt kein Haus.

Der Sonnenblume gleich steht mein Gemüte offen,
Sehnend,
Sich dehnend
In Liebe und Hoffen.
Frühling, was bist du gewillt?
Wann werd ich gestillt?

Die Wolke seh ich wandeln und den Fluß,
Es dringt der Sonne goldner Kuß
Mir tief bis ins Geblüt hinein;
Die Augen, wunderbar berauscht,
Tun, als schliefen sie ein,

Nur noch das Ohr dem Ton der Biene lauschet.
Ich denke dies und denke das,
Ich sehne mich, und weiß nicht recht, nach was:
Halb ist es Lust, halb ist es Klage;
Mein Herz, o sage,
Was webst du für Erinnerung
In golden grüner Zweige Dämmerung?
– Alte unnennbare Tage!

GEORG HEYM
PRINTEMPS

Ein Feldweg, der in weißen Bäumen träumt,
In Kirschblüten, zieht fern über Feld.
Die hellen Zweige, feierlich erhellt
Zittern im Abend, wo die Wolke säumt,

Ein düstrer Berg, den Tag mit goldnem Grat,
Ganz hinten, wo ein kleiner Kirchturm blinkt.
Das Glöckchen sanft im lichten Winde klingt
Herüber goldnen Tons auf grüner Saat.

Ein Ackerer geht groß am Himmelsrand.
Davor, wie Riesen schwarz, der Stiere Paar,
Ein Dämon vor des Himmels tiefer Glut

Und eine Mühle faßt der Sonne Haar
Und wirbelt ihren Kopf von Hand zu Hand
Auf schwarze Au, der langsam sinkt, voll Blut.

Aufschrei im Schlaf; durch schwarze Gassen stürzt der
                             Wind,
Das Blau des Frühlings winkt durch brechendes Geäst,
Purpurner Nachttau und es erlöschen rings die Sterne.
Grünlich dämmert der Fluß, silbern die alten Alleen
Und die Türme der Stadt. O sanfte Trunkenheit
Im gleitenden Kahn und die dunklen Rufe der Amsel
In kindlichen Gärten. Schon lichtet sich der rosige Flor.

Feierlich rauschen die Wasser. O die feuchten Schatten
                             der Au,
Das schreitende Tier; Grünendes, Blütengezweig
Rührt die kristallene Stirne; schimmernder
                             Schaukelkahn.
Leise tönt die Sonne im Rosengewölk am Hügel.
Groß ist die Stille des Tannenwalds, die ernsten Schatten
                             am Fluß.

Reinheit! Reinheit! Wo sind die furchtbaren Pfade des
                             Todes,
Des grauen steinernen Schweigens, die Felsen der Nacht
Und die friedlosen Schatten? Strahlender Sonnen-
                             abgrund.

Schwester, da ich dich fand an einsamer Lichtung
Des Waldes und Mittag war und groß das Schweigen des
                             Tiers;
Weiße unter wilder Eiche, und es blühte silbern der Dorn.
Gewaltiges Sterben und die singende Flamme im Herzen.

Dunkler umfließen die Wasser die schönen Spiele der
                                    Fische.
Stunde der Trauer, schweigender Anblick der Sonne;
Es ist die Seele ein Fremdes auf Erden. Geistlich
                                    dämmert
Bläue über dem verhauenen Wald und es läutet
Lange eine dunkle Glocke im Dorf; friedlich Geleit.
Stille blüht die Myrthe über den weißen Lidern
                                    des Toten.

Leise tönen die Wasser im sinkenden Nachmittag
Und es grünet dunkler die Wildnis am Ufer, Freude im
                                    rosigen Wind;
Der sanfte Gesang des Bruders am Abendhügel.

ELISABETH LANGGÄSSER
FRÜHLING 1946

Holde Anemone,
bist du wieder da
und erscheinst mit heller Krone
mir Geschundenem zum Lohne
wie Nausikaa?

Windbewegtes Bücken,
Woge, Schaum und Licht!
Ach, welch sphärisches Entzücken
nahm dem staubgebeugten Rücken
endlich sein Gewicht?

Aus dem Reich der Kröte
steige ich empor,
unterm Lid noch Plutons Röte
und des Totenführers Flöte
gräßlich noch im Ohr.

Sah in Gorgos Auge
eisenharten Glanz,
ausgesprühte Lügenlauge
hört' ich flüstern, daß sie tauge
mich zu töten ganz.

Anemone! Küssen
laß mich dein Gesicht:
Ungespiegelt von den Flüssen
Styx und Lethe, ohne Wissen
um das Nein und Nicht.

Ohne zu verführen,
lebst und bist du da,
still mein Herz zu rühren,
ohne es zu schüren –
Kind Nausikaa!

ERNST BLOCH
LUST DER FRÜHLINGSWIESE

Die einen lächeln diesem Grün nur zurück, stehen still.
Legen sich gar darin hin, das Gras ist sanft, und fühlen,
wie sie heilen. Selber harmlos werdend finden sie so auch
die Wiese, das Kind wacht in ihnen auf, der erste Blick,

mit dem es Blumen ansah. Nur noch die Ameisen rennen, sonst nichts in uns, Böses mag klein werden wie Gras. Alles duftet bunt und weich, ist so sanft wie seine Blume da.

Anders aber geht das auf, brennt das Blut mit. Welch entlaufenes Prangen, welche Wildheit im kleinen Kreis. So lag Werther im grünen Bett, in der üppigen, ungezählten Flur, die Halme und Blumen drängten sich ihm ans Herz. Auch hier ist Drang und unruhige Liebe, dieser Dschungel ist zwar nieder, doch er treibt fast eiliger, bunter als der echte. Die Nährpflanzen auf dem Acker schlafen jetzt noch, treiben noch nicht ihre gesellige, etwas nüchterne Unterhaltung. Die Tanne hat nur erst an den Spitzen ihr kurzes, weiches Grün, der Wald der Laubbäume ist jetzt noch durchscheinend, ein Glasfenster, wodurch das Licht desto apollinischer fällt. Doch die Wiese im Frühling braust, sie ist Tag und Nacht in Glut, der breite Schöpfungsmorgen des Mai steht hier. Der Schoß der Erde gebiert der Sonne Kinder, ein frühreifes, wucherndes Leben in Masse, und die Blüte der Obstbäume geht mitten hindurch, weiß und betäubend zugleich, zweideutig wie eine Braut. Das ist der *heidnische* Blick, womit wir der Wiese, die Wiese uns entgegen sieht. Er reißt ins Geschlecht und hat nicht nur sanfte Götter über sich.

Wieder anders wirkte das, als die Seele sich selbst empfinden wollte. Das wilde Prangen wurde wohl bemerkt, doch der Fromme mochte es nicht wahrhaben. Wach auf, gefrorener Christ, singt Angelus Silesius, der Mai steht vor der Tür; aber es mußte ein anderes Blühen dem äußeren sich verbinden. Wagners Parsifal empfindet so den Frühling doppelt: im Zaubergarten Klingsors, wo Blumen wie die Huri des Paradieses sind, und im Karfreitagszauber. Wie dünkte Parsifal die Aue heut so schön, er spricht von »Wunderblumen, die bis zum Haupte süchtig mich umrankten«, doch desto größer ist die Betroffenheit des Christen, daß die Natur am höchsten Schmerzenstag nicht trauere und weine. Die eminente Verschlingung nun, worin Gurnemanz in seiner Antwort an Parsifal Dionysos bewahrt, den Dionysos der Gräser und Feldblumen, um ihn zugleich völlig umzudeuten, ist diese: Die Natur erlangt durch den frommen Menschen so ihre stellvertretende Genugtuung, wie der Mensch durch Jesus am Kreuz. »Sich selbst am Kreuze kann sie nicht erschauen, so blickt sie zum erlösten Menschen auf«, zur inneren Sonne, zum Sonnenzeichen, das der auferstehende Christus auf seiner Fahne führt, zum Osterlicht, das hinter dem Karfreitag scheint, damit »entsündigte Natur heut ihren Unschuldstag erwirbt«. Wagner inszenierte hier eine Theologie, die, was Blumen angeht, zuerst ihm wohl bei Schopenhauer entgegentrat; in jener merkwürdigen Stelle, wo Schopenhauer den Pflanzen gleichsam einen Trieb, auch Blick beilegt, sich Entlassung aus dem Willen zum Leben durch den Menschen zu erwerben, der ihre Schönheit genießt (Welt als Wille und Vorstellung I, § 39). Schopenhauer zitiert dazu eine ähnliche Stelle Augustins, über den geistlichen appetitus der Pflanzenwelt, um durch den menschlichen Blick erst duftend und farbig zu erwachen. Doch ist dies Motiv zugleich ein älteres: es lebt im Mythos der Proserpina, die jeden Frühling aus der Unterwelt zur Mutter Ceres heimkehrt; es hat seinen christlichen Grund im Pauluswort, in der Lehre vom ängstlichen Harren der Kreatur auf die Offenbarung der Kinder Gottes. Biblisch hat der Mensch wie eine Sonne über den Kreaturen aufzugehen, um ihnen zur Offenbarung der Kinder Gottes zu verhelfen. Durch den Sündenfall wurde nicht nur Adam verderbt, sondern die gesamte Natur; die Erlösung Adams redressiert folglich auch die Verschlechterung der Natur. Das ist die *christliche* Frühlingsfeier, der religiöse Logos der blühenden Wiesen und Fluren. Bewußtlos feiert hier die Natur die christlichen Mysterien, grüßt den himmelfahrenden, aus dem Boden, dem Tod, der Welt herausführenden Gott.

Daneben werden Gräser, Blumen gewiß weit näher gebraucht. Der Bauer schneidet Futter, der Glanz wird Heu, im Stall schmeckt es gut. Auch so kann die Wiese gesehen werden, ja, das achtzehnte Jahrhundert hat Sonderbares, auch Schönes aus dem breit getretenen Nutzen gemacht. Es drang noch weit über Wiese als Heu, über Baumblüte als Obst hinaus; die freundliche Zeit richtete alle Dinge auf einen Zweck, demzuliebe sie geschaffen worden waren, und der Zweck war bürgerliches Wohlbehagen. Nun wurden die Marktfrauen, die die Früchte des Feldes feilhielten, wirklich so, wie Benjamin sie genannt hat: Priesterinnen der käuflichen Ceres. Es gab sogar eine Zwecklehre des Donners, aus lauter Sucht nach wohlbestalltem Diesseits; doch biblischer Hintergrund fehlte auch hier nicht: der Dank für Gottes Güte. Der Dank für den Baumeister, der den Fußboden der Natur so reinlich geglättet und so fruchtbar bepflanzt hat; der angeblich alles ersättigt, was Atem hat, und die Schöpfung so machte, wie Haydn sie preist. Das achtzehnte Jahrhundert pries aber nicht nur Gottes Werke und stellte den Schäfer als Staffage hinein, es hatte auch den Willen, der damals gesehenen Natur gleich zu werden: einfach, frei, rechtschaffen, zum Besten dienend, unverdorben. Der Mensch der bürgerlichen Revolution erzog sich und seinen Feudalhaß (auch Zeremoniellhaß) an der unverkünstelten Welt; derart wurde die Schönheit der mittleren Landschaft arkadisch. Das »Eisgebürge« blieb trotz Haller ziemlich ausgebürgert, auch der öde Strand und das Meer, noch Jean Paul wollte aus der Welt nur Asphodeloswiesen und Tempeltäler herausdestillieren, die Gletscher und Wüsten schlug er zum

Phlegma nieder. Norm waren Blumen, Wiesen, Weinberge, Bäche, Hügel, Seen; diese Landschaft und das Leben in ihr lehrten Geßners zärtliche Idyllen, selbst die dunkleren, schon panischen des Malers Müller. Damals hat gerade die Wiesen- und Hügelwelt des Zürichsees eine Lebensanschauung bedeutet, eine mittlere, auch noch humane. Es muß also nicht immer heidnisch oder christlich in der Aue hergehen, auf der Strecke hin und her zwischen Mensch und Aue. In der Aue selber, die wie so manche andere Landschaften ein Gefühl in Menschen empfängt, wiedergibt. Ihr Frühling ist auch ein Kind, nämlich des achtzehnten Jahrhunderts, und dessen auswählende Heiterkeit hat diese friedlichste Landschaft besonders getroffen.

THOMAS MANN

FIXATIV UND FRÜHLINGSAROM

»Eben stehe ich von meiner Arbeit auf, Lisaweta, und in meinem Kopf sieht es genau aus wie auf dieser Leinwand. Ein Gerüst, ein blasser, von Korrekturen beschmutzter Entwurf und ein paar Farbflecke, ja; und nun komme ich hierher und sehe dasselbe. Und auch den Konflikt und Gegensatz finde ich hier wieder«, sagte er und schnupperte in die Luft, »der mich zu Hause quälte. Seltsam ist es. Beherrscht dich ein Gedanke, so findest du ihn überall ausgedrückt, du *riechst* ihn sogar im Winde. Fixativ und Frühlingsarom, nicht wahr? Kunst und – ja, was ist das andere? Sagen Sie nicht ›Natur‹, Lisaweta, ›Natur‹ ist nicht erschöpfend. Ach, nein, ich hätte wohl lieber spazierengehen sollen, obgleich es die Frage ist, ob ich mich dabei wohler befunden hätte: Vor fünf Minuten, nicht weit von hier, traf ich einen Kollegen, Adalbert, den Novellisten. ›Gott verdamme den Frühling!‹ sagte er in seinem aggressiven Stil. ›Er ist und bleibt die gräßlichste Jahreszeit! Können Sie einen vernünftigen Gedanken fassen, Kröger, können Sie die kleinste Pointe und Wirkung in Gelassenheit ausarbeiten, wenn es Ihnen auf eine unanständige Weise im Blute kribbelt und eine Menge von unzugehörigen Sensationen Sie beunruhigt, die, sobald Sie sie prüfen, sich als ausgemacht triviales und gänzlich unbrauchbares Zeug entpuppen? Was mich betrifft, so gehe ich nun ins Café. Das ist neutrales, vom Wechsel der Jahreszeiten unberührtes Gebiet, wissen Sie, das stellt sozusagen die entrückte und erhabene Sphäre des Literarischen dar, in der man nur vornehmerer Einfälle fähig ist . . .‹ Und er ging ins Café; und vielleicht hätte ich mitgehen sollen.«

Lisaweta amüsierte sich.

»Das ist gut, Tonio Kröger. Das mit dem ›unanständigen Kribbeln‹ ist gut. Und er hat ja gewissermaßen recht, denn mit dem Arbeiten ist es wirklich nicht sonderlich bestellt im Frühling. Aber nun geben Sie acht. Nun mache ich trotzdem noch diese kleine Sache hier, diese kleine Pointe und Wirkung, wie Adalbert sagen würde. Nachher gehen wir in den ›Salon‹ und trinken Tee, und Sie sprechen sich aus; denn das sehe ich genau, daß Sie heute geladen sind. Bis dahin gruppieren Sie sich wohl irgendwo, zum Beispiel auf der Kiste da, wenn Sie nicht für Ihre Patriziergewänder fürchten . . .«

»Ach, lassen Sie mich mit meinen Gewändern in Ruh', Lisaweta Iwanowna! Wünschten Sie, daß ich in einer zerrissenen Sammetjacke oder einer rotseidenen Weste umherliefe? Man ist als Künstler innerlich immer Abenteurer genug. Äußerlich soll man sich gut anziehen, zum

Teufel, und sich benehmen wie ein anständiger Mensch . . .
Nein, geladen bin ich nicht«, sagte er und sah zu, wie sie
auf der Palette eine Mischung bereitete. »Sie hören ja, daß
es nur ein Problem und Gegensatz ist, was mir im Sinne
liegt und mich bei der Arbeit störte . . . Ja, wovon sprachen wir eben? Von Adalbert, dem Novellisten, und was
für ein stolzer und fester Mann er ist. ›Der Frühling ist die
gräßlichste Jahreszeit‹, sagte er und ging ins Café. Denn
man muß wissen, was man will, nicht wahr? Sehen Sie,
auch mich macht der Frühling nervös, auch mich setzt die
holde Trivialität der Erinnerungen und Empfindungen,
die er erweckt, in Verwirrung; nur, daß ich es nicht über
mich gewinne, ihn dafür zu schelten und zu verachten;
denn die Sache ist die, daß ich mich vor ihm schäme, mich
schäme vor seiner reinen Natürlichkeit und seiner siegen-
den Jugend. Und ich weiß nicht, ob ich Adalbert beneiden
oder geringschätzen soll, dafür, daß er nichts davon
weiß . . .

Man arbeitet schlecht im Frühling, gewiß, und warum?
Weil man empfindet. Und weil der ein Stümper ist, der
glaubt, der Schaffende dürfe empfinden. Jeder echte und
aufrichtige Künstler lächelt über die Naivität dieses
Pfuscherirrtums, – melancholisch vielleicht, aber er lächelt. Denn das, was man sagt, darf ja niemals die Hauptsache sein, sondern nur das an und für sich gleichgültige
Material, aus dem das ästhetische Gebilde in spielender
und gelassener Überlegenheit zusammenzusetzen ist.
Liegt Ihnen zu viel an dem, was Sie zu sagen haben, schlägt
Ihr Herz zu warm dafür, so können Sie eines vollständigen
Fiaskos sicher sein. Sie werden pathetisch, Sie werden
sentimental, etwas Schwerfälliges, Täppisch-Ernstes, Un-
beherrschtes, Unironisches, Ungewürztes, Langweiliges,
Banales entsteht unter Ihren Händen, und nichts als
Gleichgültigkeit bei den Leuten, nichts als Enttäuschung

und Jammer bei Ihnen selbst ist das Ende . . . Denn so ist es ja, Lisaweta: Das Gefühl, das warme, herzliche Gefühl ist immer banal und unbrauchbar, und künstlerisch sind bloß die Gereiztheiten und kalten Ekstasen unseres verdorbenen, unseres artistischen Nervensystems. Es ist nötig, daß man irgend etwas Außermenschliches und Unmenschliches sei, daß man zum Menschlichen in einem seltsam fernen und unbeteiligten Verhältnis stehe, um imstande und überhaupt versucht zu sein, es zu spielen, damit zu spielen, es wirksam und geschmackvoll darzustellen. Die Begabung für Stil, Form und Ausdruck setzt bereits dies kühle und wählerische Verhältnis zum Menschlichen, ja, eine gewisse menschliche Verarmung und Verödung voraus. Denn das gesunde und starke Gefühl, dabei bleibt es, hat keinen Geschmack. Es ist aus mit dem Künstler, sobald er Mensch wird und zu empfinden beginnt. Das wußte Adalbert, und darum begab er sich ins Café, in die ›entrückte Sphäre‹, jawohl!«

»Nun, Gott mit ihm, Batuschka«, sagte Lisaweta und wusch sich die Hände in einer Blechwanne; »Sie brauchen ihm ja nicht zu folgen.«

Aus: Tonio Kröger

BARTHOLD HINRICH BROCKES
KIRSCHBLÜTE BEI DER NACHT

Ich sah mit betrachtendem Gemüte
Jüngst einen Kirschbaum, welcher blühte,
In kühler Nacht beim Mondenschein;
Ich glaubt, es könne nichts von größrer Weiße sein.

Es schien, ob wär ein Schnee gefallen.
Ein jeder, auch der kleinste Ast
Trug gleichsam eine rechte Last
Von zierlich-weißen runden Ballen.
Es ist kein Schwan so weiß, da nämlich jedes Blatt,
Indem daselbst des Mondes sanftes Licht
Selbst durch die zarten Blätter bricht,
Sogar den Schatten weiß und sonder Schwärze hat.
Unmöglich, dacht ich, kann auf Erden
Was Weißers angetroffen werden.

Indem ich nun bald hin, bald her
Im Schatten dieses Baumes gehe,
Sah ich von ungefähr
Durch alle Blumen in die Höhe
Und ward noch einen weißern Schein,
Der tausendmal so weiß, der tausendmal so klar,
Fast halb darob erstaunt, gewahr.
Der Blüte Schnee schien schwarz zu sein
Bei diesem weißen Glanz. Es fiel mir ins Gesicht
Von einem hellen Stern ein weißes Licht,
Das mir recht in die Seele strahlte.

Wie sehr ich mich am Irdischen ergetze,
Dacht ich, hat Er dennoch weit größre Schätze.
Die größte Schönheit dieser Erden
Kann mit der himmlischen doch nicht verglichen werden.

ACHIM VON ARNIM
DER KIRSCHBAUM

Der Kirschbaum blüht, ich sitze da im Stillen,
Die Blüte sinkt und mag die Lippen füllen,
Auch sinkt der Mond schon in der Erde Schoß
Und schien so munter, schien so rot und groß;
Die Sterne blinken zweifelhaft im Blauen
Und leidens nicht, sie weiter anzuschauen.

MAX DAUTHENDEY
EILT EUCH, EIL DICH, DIE BÄUME BLÜHEN!

Eilt euch, eil dich, die Bäume blühen!
Voll Liebesblicken die Bäume stehen;
Eh' du hingesehen, will's schon vergehen.

Komm zu den hellen verliebten Bäumen,
Die alle Wege jetzt hochzeitlich säumen!
Sollst dich ins Licht zu ihnen stellen,
Lächeln wird spielend sich zu dir gesellen,
Daß auch dir die Blicke verliebt aufglühen.
Eilt euch, eil dich, die Bäume blühen!

RAINER MARIA RILKE
AUS EINEM APRIL

Wieder duftet der Wald.
Es heben die schwebenden Lerchen
mit sich den Himmel empor, der unseren Schultern
schwer war;
zwar sah man noch durch die Äste den Tag, wie er
leer war, –
aber nach langen, regnenden Nachmittagen
kommen die goldübersonnten
neueren Stunden,
vor denen flüchtend an fernen Häuserfronten
alle die wunden
Fenster furchtsam mit Flügeln schlagen.

Dann wird es still. Sogar der Regen geht leiser
über der Steine ruhig dunkelnden Glanz.
Alle Geräusche ducken sich ganz
in die glänzenden Knospen der Reiser.

HERMANN HESSE
VOLL BLÜTEN

Voll Blüten steht der Pfirsichbaum,
Nicht jede wird zur Frucht,
Sie schimmern hell wie Rosenschaum
Durch Blau und Wolkenflucht.

Wie Blüten gehn Gedanken auf,
Hundert an jedem Tag –
Laß blühen! laß dem Ding den Lauf!
Frag nicht nach dem Ertrag!

Es muß auch Spiel und Unschuld sein
Und Blütenüberfluß,
Sonst wär die Welt uns viel zu klein
Und Leben kein Genuß.

PETER HUCHEL
APRIL 63

Aufblickend vom Hauklotz
im leichten Regen,
das Beil in der Hand,
seh ich dort oben im breiten Geäst
fünf junge Eichelhäher.

Sie jagen lautlos, geben Zeichen
von Ast zu Ast,
sie weisen der Sonne
den Weg durchs Nebelgebüsch.
Und eine feurige Zunge fährt in die Bäume.

Ich bette mich ein
in die eisige Mulde meiner Jahre.
Ich spalte Holz,
das zähe splittrige Holz der Einsamkeit.
Und siedle mich an
im Netz der Spinnen,

die noch die Öde des Schuppens vermehren,
im Kiengeruch
gestapelter Zacken,
das Beil in der Hand.

Aufblickend vom Hauklotz
im warmen Regen des April,
seh ich an blanken
Kastanienästen
die leimigen Hüllen
der Knospen glänzen.

ROSE AUSLÄNDER
APRIL

Da kommt er
wirft Luftlappen ins Gesicht
drückt Sonne auf den Rücken
lacht überlaut wickelt den
Park in grünen Taft zerreißt
ihn wieder stellenweise
pufft die Kinder spielt mit den
Röcken erschreckter Gouvernanten
drückt alle Regenhebel
macht los die Nordhunde von den Ketten und
läßt sie laufen nach Windlust

Ein toller Geselle
eine Art Eulenspiegel
auch gangsterhafte Gesten hat er
            (jaja mein Lieber du

machst es uns nicht leicht
dich liebzuhaben)

und doch und doch
im großen und ganzen
ein prächtiger Kerl
dieser April

Bei mir zu Hause blühen die Kirschbäume
die frische umbrochene Erde spuckt Puppen
und Regenwürmer und riecht stark
bei mir zu Hause werden die Hausmauern
von Tag zu Tag wärmer

in den Wäldern wird das Gras vom Vorjahr so trocken
daß man sich hineinlegen kann
das Laub von den Eichen fällt zuletzt aber jetzt fällt es
nur das Moos schwappt noch unter den Füßen
und bewahrt dem Boden einen säuerlichen Wein

bei mir zu Hause schreit der Kuckuck
fünfzigmal
fünfzig Jahre leben wir noch nein länger nein immer

bei mir zu Hause
daß ich nicht lache
dein Zuhause zeige mir mal

bei mir zu Hause blühen die Kirschbäume
und der Flieder
und in den Kastanien stehen die roten die weißen Kerzen
der guten Liebe

HERMANN HESSE
APRILBRIEF

Die eigentliche Blumenzeit dieses Frühlings war regen-
los, von den ersten Primeln bis zu den ersten Anemonen
und Kamelien war die Erde dürr und staubig und immer
wieder vom beharrlichen Nordföhn bestrichen, nachts sah
man zuweilen Waldbrände in langen Feuerzeilen die
Berge hinankriechen, und es war rührend und mitleider-
regend, wie trotz allem aus dem harten starren Boden die
Tausende und Tausende der Veilchen, der Krokus, der
Blausterne, des Augentrost, der Taubnessel hervorka-
men, wie sie die kleinen zarten Köpfchen dem erbar-
mungslosen Nordwinde hinhielten, trotz allem lachend
und üppig in ihrer zahllosen Menge. Nur das Grün hielt
sich zurück, im Wald wie auf den Wiesen, einzig der Bam-
bus am Rand meines kleinen Gehölzes wehte mit lichtem
jungem Grün.

Der Frühling ist für die meisten alten Leute keine gute
Zeit; er setzte auch mir gewaltig zu. Die Pülverchen und
ärztlichen Spritzen halfen wenig; die Schmerzen wuchsen
üppig wie die Blumen im Gras, und die Nächte waren
schwer zu bestehen. Dennoch brachte beinahe jeder Tag in
den kurzen Stunden, die ich draußen sein konnte, Pausen
des Vergessens und der Hingabe an die Wunder des Frühlings, und zuweilen Augenblicke des Entzückens und der

Offenbarung, deren jede des Festhaltens wert wäre, wenn es nur eben ein Festhalten gäbe, wenn diese Wunder und Offenbarungen sich beschreiben und weitergeben ließen. Sie kommen überraschend, dauern Sekunden oder Minuten, diese Erlebnisse, in denen ein Vorgang im Leben der Natur uns anspricht und sich uns enthüllt, und wenn man alt genug ist, kommt es einem dann so vor, als sei das ganze lange Leben mit Freuden und Schmerzen, mit Lieben und Erkennen, mit Freundschaften, Liebschaften, mit Büchern, Musik, Reisen und Arbeiten nichts gewesen als ein langer Umweg zur Reife dieser Augenblicke, in welchen im Bilde einer Landschaft, eines Baumes, eines Menschengesichtes, einer Blume sich Gott uns zeigt, sich der Sinn und Wert alles Seins und Geschehens darbietet. Und in der Tat: Haben wir auch vermutlich in jungen Jahren den Anblick eines blühenden Baumes, einer Wolkenformation, eines Gewitters heftiger und glühender erlebt, so bedarf es für das Erlebnis, das ich meine, doch eben des hohen Alters, es bedarf einer unendlichen Summe von Gesehenem, Erfahrenem, Gedachtem, Empfundenem, Erlittenem, es bedarf einer gewissen Verdünnung der Lebenstriebe, einer gewissen Hinfälligkeit und Todesnähe, um in einer kleinen Offenbarung der Natur den Gott, den Geist, das Geheimnis wahrzunehmen, den Zusammenfall der Gegensätze, das große Eine. Auch Junge können das erleben, gewiß, aber seltener, und ohne diese Einheit von Empfindung und Gedanke, von sinnlichem und geistigem Erlebnis, von Reiz und Bewußtsein.

Noch während unseres trockenen Frühlings, ehe die Regenfälle und die Reihe von Gewittertagen kamen, hielt ich mich öfters an einer Stelle meines Weinbergs auf, wo ich um diese Zeit auf einem Stück noch nicht umgegrabenen Gartenbodens meine Feuerstelle habe. Dort ist in der

Weißdornhecke, die den Garten abschließt, seit Jahren eine Buche gewachsen, ein Sträuchlein anfangs aus verflogenem Samen vom Walde her, mehrere Jahre hatte ich es nur vorläufig und etwas widerwillig stehen lassen, es tat mir um den Weißdorn leid, aber dann gedieh die kleine zähe Winterbuche so hübsch, daß ich sie endgültig annahm, und jetzt ist sie schon ein dickes Bäumchen und ist mir heute doppelt lieb, denn die alte mächtige Buche, mein Lieblingsbaum im ganzen benachbarten Wald, ist kürzlich geschlagen worden, schwer und gewaltig liegen drüben noch wie Säulentrommeln die Teile ihres zersägten Stammes. Ein Kind jener Buche ist wahrscheinlich mein Bäumchen.

Stets hat es mich gefreut und mir imponiert, mit welcher Zähigkeit meine kleine Buche ihre Blätter festhält. Wenn alles längst kahl ist, steht sie noch im Kleide ihrer welken Blätter, den Dezember, den Januar, den Februar hindurch, Sturm zerrt an ihr, Schnee fällt auf sie und tropft wieder von ihr ab, die dürren Blätter, anfangs dunkelbraun, werden immer heller, dünner, seidiger, aber der Baum entläßt sie nicht, sie müssen die jungen Knospen schützen. Irgend einmal dann in jedem Frühling, jedesmal später, als man es erwartete, war eines Tages der Baum verändert, hatte das alte Laub verloren und statt seiner die feucht beflognen, zarten neuen Knospen aufgesetzt. Diesmal nun war ich Zeuge dieser Verwandlung. Es war bald, nachdem der Regen die Landschaft grün und frisch gemacht hatte, eine Stunde am Nachmittag, um die Mitte des April, noch hatte ich in diesem Jahr keinen Kuckuck gehört und keine Narzisse in der Wiese entdeckt. Vor wenigen Tagen noch war ich bei kräftigem Nordwind hier gestanden, fröstelnd und den Kragen hochgeschlagen, und hatte mit Bewunderung zugesehen, wie die Buche gleichmütig im zerrenden Winde stand und kaum ein Blättchen hingab; zäh und tapfer, hart und trotzig hielt sie ihr gebleichtes altes Laub zusammen.

Und jetzt, heute, während ich bei sanfter windstiller Wärme bei meinem Feuer stand und Holz brach, sah ich es geschehen: es erhob sich ein leiser sanfter Windhauch, ein Atemzug nur, und zu Hunderten und Tausenden wehten die so lang gesparten Blätter dahin, lautlos, leicht, willig, müde ihrer Ausdauer, müde ihres Trotzes und ihrer Tapferkeit. Was fünf, sechs Monate festgehalten und Widerstand geleistet hatte, erlag in wenigen Minuten einem Nichts, einem Hauch, weil die Zeit gekommen, weil die bittere Ausdauer nicht mehr nötig war. Hinweg stob und flatterte es, lächelnd, reif, ohne Kampf. Das Windchen war viel zu schwach, um die so leicht und dünn gewordenen kleinen Blätter weit weg zu treiben, wie ein leiser Regen rieselten sie nieder und deckten Weg und Gras zu Füßen des Bäumchens, von dessen Knospen ein paar wenige schon aufgebrochen und grün geworden waren. Was hatte sich mir nun in diesem überraschenden und rührenden Schauspiel offenbart? War es der Tod, der leicht und willig vollzogene Tod des Winterlaubes? War es das Leben, die drängende und jubelnde Jugend der Knospen, die sich mit plötzlich erwachtem Willen Raum geschaffen hatte? War es traurig, war es erheiternd? War es eine Mahnung an mich, den Alten, mich auch flattern und fallen zu lassen, eine Mahnung daran, daß ich vielleicht Jungen und Stärkeren den Raum wegnahm? Oder war es eine Aufforderung, es zu halten wie das Buchenlaub, mich so lang und zäh auf den Beinen zu halten wie nur möglich, mich zu stemmen und zu wehren, weil dann, im rechten Augenblick, der Abschied leicht und heiter sein werde? Nein, es war, wie jede Schauung, ein Sichtbarwerden des Großen und Ewigen, des Zusammenfalls der Gegensätze, ihres Zusammenschmelzens im Feuer der Wirklichkeit, es bedeutete nichts, mahnte zu nichts, vielmehr es bedeutete alles, es bedeutete das Geheimnis des Seins, und es war schön, war Glück, war Sinn, war Geschenk und Fund für den Schauenden, wie es ein Ohr voll Bach, ein Auge voll Cézanne ist. Diese Namen und Deutungen waren nicht das Erlebnis, sie kamen erst nachher, das Erlebnis selbst war nur Erscheinung, Wunder, Geheimnis, so schön wie ernst, so hold wie unerbittlich. – Am selben Ort, bei der Weißdornhecke und nahe der Buche, nachdem inzwischen die Welt saftig grün geworden und am Ostersonntag der erste Kuckucksruf in unserem Walde erklungen war, an einem der laufeuchten, wechselvollen, windbewegten Gewittertage, die schon den Sprung vom Frühling in den Sommer vorbereiten, sprach in einem nicht minder gleichnishaften Augenerlebnis das große Geheimnis mich an. Am schwer bewölkten Himmel, der dennoch immer wieder grelle Sonnenblicke in das keimende Grün des Tales warf, fand großes Wolkentheater statt, der Wind schien von allen Seiten zugleich zu wehen, doch wog die Südnordrichtung vor. Unruhe und Leidenschaft erfüllten die Atmosphäre mit starken Spannungen. Und mitten im Schauspiel stand, meinem Blick sich plötzlich aufdrängend, wiederum ein Baum, ein junger schöner Baum, eine frisch belaubte Pappel im Nachbargarten. Wie eine Rakete schoß sie empor, wehend, elastisch, mit spitzem Wipfel, in den kurzen Windpausen straff geschlossen wie eine Zypresse, bei wachsendem Winde mit hundert dünnen, leicht auseinandergekämmten Zweigen gestikulierend. Hin und her wiegte und bäumte sich mit zart blitzendem Flüsterlaub der Wipfel des herrlichen Baumes, seiner Kraft und grünen Jugend froh, mit leisem sprechendem Schwanken wie das Zünglein einer Waage, jetzt wie im Neckspiel nachgebend, jetzt eigenwillig zurückschnellend (viel später erst fiel mir ein, daß ich schon einmal, vor Jahrzehnten, dies Spiel mit offenen Sinnen an einem Pfir-

sichzweig beobachtet und in dem Gedicht »Der Blüten-
zweig« nachgezeichnet hatte).

Mit Freude und furchtlos, ja mutwillig, überließ die
Pappel Zweige und Laubgewand dem stark anschwellen-
den feuchten Winde, und was sie in den Gewittertag hin-
einsang und was sie mit spitzem Wipfel in den Himmel
schrieb, war schön, war vollkommen, war so heiter wie
ernst, so Tun wie Erleiden, so Spiel wie Schicksal, es
enthielt wiederum alle Gegensätze und Gegensinne. Nicht
der Wind war Sieger und stark, weil er den Baum so zu
schütteln und zu biegen vermochte, nicht der Baum war
Sieger und stark, weil er aus jeder Beugung elastisch und
triumphierend zurückzuschnellen vermochte, es war das
Spiel von beidem, der Einklang von Bewegung und Ruhe,
von himmlischen und irdischen Mächten: der unendlich
gebärdenreiche Wipfeltanz im Sturme war nur noch Bild,
nur noch Offenbarung des Weltgeheimnisses, jenseits von
Stark und Schwach, von Gut und Böse, von Tun und
Leiden. Ich las, eine kleine Weile lang, eine kleine Ewig-
keit lang, in ihm das sonst Verhüllte und Geheime rein und
vollkommen dargestellt, reiner und vollkommener, als
läse ich den Anaxagoras oder den Lao Tse. Und auch hier
wieder schien es mir, als habe es, um dieses Bild zu
schauen und diese Schrift zu lesen, nicht nur des Geschen-
kes einer Frühlingsstunde bedurft, sondern auch der
Gänge und Irrgänge, Torheiten und Erfahrungen, Lüste
und Leiden sehr vieler Jahre und Jahrzehnte, und ich
empfand den lieben Pappelbaum, der mich mit dieser
Schau beschenkte, durchaus als Knaben, als Unerfahre-
nen und Ahnungslosen. Ihn mußten noch viele Fröste und
Schneefälle zermürben, noch manche Stürme rütteln,
noch manche Blitze streifen und verletzen, bis vielleicht
auch er des Schauens und des Horchens fähig und auf das
große Geheimnis begierig sein würde. –   (1952)

April in den Städten, in den öffentlichen Alleen mit braunen Lachen unter dem laublosen Gezweig ihrer alten Platanen, Schirme, glanznaß und schwarz, Frauen in schwarzen Stiefeln und lehmhellen Mänteln. Lange ist's her! Mit Geläute der Münster! Mit Tauwetter in den Straßen, mit kahlen Alleen und Bänken, mit Bläue, mit Sonne am See, mit ziehenden Spiegelgewölken in den Scheiben der Häuser! Man trieb so durch Straßen, heimatlos in Schluchten aus bewohntem Stein, und später hat man doch Heimweh nach alldem! Seltsames Herz! Es altert umsonst . . . Sonne des Frühlings, Sonne des Morgens in den dünnen Spalieren, noch fällt sie durch alles hindurch, rieselt auf körnigen Putz und spielt mit dem Geschleif der Ranken, mit Arabesken aus wässerigen Schatten. Jeder hat seine Arbeit um Brot, seine Art von Sklaverei! Auf einer Leiter stehen und blonden Bast zopfen, Millionen würden dafür tauschen. Und dennoch, daß man nicht weg kann! Einen Nachmittag einmal im Monat. Und wo wollte man hin? Wolken ziehen, in finsteren Lappen hangen die langen schmalen Äcker über den Hügel, vom Pflug gekämmt, und die Wiesen verfärbt von dem letzten Schnee, von braunen Fächern der Jauche unter dem schwarzen Gewirr der Obstbäume, dem geisterhaften Knäuel ihrer Äste; Wolken ziehen über rehrötliche Wälder –.

Aus: Die Schwierigen oder
J'adore ce qui me brûle.

Am dritten April habe ich nichts vor als Nebelkrähen, Neuntöter und Petroleum aus dem Kaufhaus. Das ist schon genug, mein Gedächtnis ist schwach, ich muß es mir aufschreiben oder ein Wort bilden wie Neneupe, es klingt nach einer Muse, klingt griechisch. Wenn ich andere Dinge vorhätte, ergäbe sich eine aztekische Gottheit, so dumm ist mein Gedächtnis, die Ethnographie schwirrt durcheinander mit gestutzten Nebelflügeln.

Es wäre besser, ich hätte Unken vor, aber es hat sich so ergeben. Unken sind ein Leitmotiv, sie läuten, Petroleum ist zufällig. Das kommt daher, daß ich keine Ordnung in meine Zukunft bringe, alles fliegt in meinen Vormittagsrausch, ich verschlinge es, bin nicht kiesätig, das war früher. Ich weiß nicht, wie es bei dir ist. Ich esse jetzt sogar Spinat, aber lieber nicht durchgedreht.

Ein verlängerter Winter, das ist hier immer so, ein verlängerter Eisgenuß. Die Neuntöter bauen noch nicht, mit den Dachlawinen fliegen die Ziegel vors Haus, ich sammle für ein anderes, werde aber nicht weit genug kommen, es liegt alles zu nahe. Sonst gibt es nichts Neues, nur Datum und Jahreszahl. Ich glaube, der Schnee bleibt liegen.

Aus: Maulwürfe

Daß draußen die Amseln singen, daß der Frühling, mit grünen Schleiern über den Büschen, kommt, eigentlich schon da ist, muß ich doch erwähnen, obwohl er mir heuer nicht unter die Haut geht, keinerlei Rührung in der Art von »daß ich das noch einmal erleben darf« erweckt. Schlechte Laune, könnte man sagen, finstere Laune, sogar im Park, den ich fast täglich durchstreife, obwohl mir dieses Jahr schon das spießige Osterhasengärtlein auf die Nerven gegangen ist. Gebüsche in bunter, eiförmiger Umzäunung, ein Wärter versteckt die von den Eltern mitgebrachten Eier, während ein zweiter die Kinder dazu überredet, die faul herumhoppelnden Stallhasen zu streicheln – bald darauf findet die Frühlingsblumenausstellung, dann die Azaleenausstellung statt. Seit einigen Tagen gehe ich dort umher und schreibe in Gedanken einen Brief an den Direktor: Lieber Herr Direktor, man kann nicht fortwährend lieben, ich liebe Ihre Ausstellungen nicht mehr, sie sind mir zu gekonnt, Ihre Blumenrabatten nicht mehr, sie sind mir zu üppig. Was ich liebte, war der schmale, dunkle Weg im Umgang des großen Palmenhauses, da schlugen einem die feuchten, glänzenden Blätter der Kamelienbäume gegen die Wangen, da leuchteten die Blüten, ganz oben, ganz hinten, rosa und rot. Was ist daraus geworden, Herr Direktor, eine breite Promenade mit Zementbrunnen, Wandelgang einer Lebensversicherung oder eines Sozialbades, und überhaupt, der Zementorgien sind genug gefeiert, der rechtwinkeligen Mäuerchen genug gebaut. Rechtwinkelig an Leib und Seele, dieser Spruch hing, riesig in Holz gebrannt, im Vorplatz eines unsrer Notquartiere, die rechtwinkeligen Besitzer hatten uns ein Zimmer abgeben müssen, sie rächten sich dafür, indem sie uns keinen Hausschlüssel gaben, wir betraten und verließen unser Zimmer durchs Fenster, zu ebener Erde lag es, das war unser Glück. Entschuldigen Sie die Abschweifung, Herr Direktor, auch ein öffentlicher Garten kann einem ans Herz wachsen, zum Beispiel die uralte Eibe, die einmal hierher verpflanzt und so vorsichtig – zwei Kilometer in acht Stunden – durch die Stadt gefahren wurde, die chinesischen Sträucher, die Winterblüher, die Victoria Regia im Kleinen Haus. Auch im Gartenbau gibt es Moden, als der Garten um das große Palmenhaus, diese bürgerliche Exotik, angelegt wurde, trug man nierenförmige Teiche, runde Springbrunnen, Hochstammrosen, es wäre hübsch gewesen, wenn Sie das alles erhalten hätten, ein Gartenmuseum des 19. Jahrhunderts, wie es Gartenmuseen des achtzehnten, des siebzehnten, sechzehnten und sogar des fünfzehnten Jahrhunderts gibt. Eine einzigartige Gelegenheit, die Sie verpaßt haben und vielleicht gar nicht verpassen wollten. Ihre Abonnenten, Ihre Sonntagsnachmittagsmusikhörer haben Sie dazu gezwungen, Sie sind ein Warenhausbesitzer, der immer das Neueste auslegen muß. Das alles schreibe ich in meinem Gedankenbrief, und dann gebe ich der Wahrheit die Ehre, gebe dem Garten die Ehre, seinen leuchtenden Grasflächen, seinen riesigen Pappeln, Platanen und Weidenbäumen, und überhaupt war der ganze Brief nur eine Laune, Frühlingslaune, Zierkirschenblütenblätter, losgerissen, hintreibend unterm Gewitterhimmel, schwül. Keineswegs denke ich daran, mein Abonnement aufzugeben, und ich wäre unglücklich, wenn Sie, Herr Direktor, es mir etwa dieses doch gar nicht abgeschickten Briefes wegen, kündigen würden, was natürlich möglich ist, ebenso wie es möglich ist, daß die Kontrolleure eine Kartei haben, eine Gedankensünderkartei, auf die hin sie mir den Eintritt verwehren. Ich möchte aber immer wieder kommen, auch später, wenn ich meine blaue Karte nicht mehr vorzeige und mich an die Eintrittszeiten nicht mehr halte. Wenn ich mich auf Ihren phantastischen Spielgeräten herumschwinge, nachts, im Nebel, eh noch auf den großen Blumenfeldern die Dahlien schwarz verblühen.

Aus: Tage, Tage, Jahre

ADALBERT STIFTER

VEILCHEN

25. April 1834

Heute ist weithin heiterer Himmel mit tiefem Blau, die Sonne scheint durch mein geöffnetes Fenster; das draußen schallende Leben dringt klarer herein, und ich höre das Rufen spielender Kinder. Gegen Süden stellen sich kleine Wolkenballen auf, die nur der Frühling so schön färben kann; die Metalldächer der Stadt glänzen und schillern, der Vorstadtturm wirft goldne Funken, und ein ferner Taubenflug läßt aus dem Blau zu Zeiten weiße Schwenkungen vortauchen.

Wäre ich ein Vogel, ich sänge heute ohne Aufhören auf jedem Zweige, auf jedem Zaunpfahle, auf jeder Scholle, nur in keinem Käfig – und dennoch hat mich der Arzt in einen gesperrt und mir Bewegung untersagt; deshalb sitze ich nun da, dem Fenster gegenüber, und sehe in den Lenz hinaus, von dem ein Stück gütig zu mir hereinkommt. Auf dem Fenstergesimse stehen Töpfe mit Levkojenpflänzchen, die sich vergnüglich sonnen und ordentlich jede

Sekunde grüner werden; einige Zweige aus des Nachbars Garten ragen um die Ecke und zeigen mir, wie frohe Kinder, ihre kleinen, lichtgrünen, unschuldigen Blättchen.

Zwei alte Wünsche meines Herzens stehen auf. Ich möchte eine Wohnung von zwei großen Zimmern haben, mit wohlgebohnten Fußböden, auf denen kein Stäubchen liegt; sanft grüne oder perlgraue Wände, daran neue Geräte, edel, massiv, antik einfach, scharfkantig und glänzend; seidne, graue Fenstervorhänge, wie matt geschliffenes Glas, in kleine Falten gespannt und von seitwärts gegen die Mitte zu ziehen. In dem einen der Zimmer wären ungeheure Fenster, um Lichtmassen hereinzulassen und mit obigen Vorhängen für trauliche Nachmittagsdämmerung. Rings im Halbkreise stände eine Blumenwildnis, und mitten darin säße ich mit meiner Staffelei und versuchte endlich jene Farben zu erhaschen, die mir ewig im Gemüte schweben und nachts durch meine Träume dämmern – ach, jene Wunder, die in Wüsten prangen, über Ozeanen schweben und den Gottesdienst der Alpen feiern helfen. An den Wänden hinge ein oder der andere Ruysdael oder ein Claude, ein sanfter Guido und Kindergesichtchen von Murillo. In dieses Paphos und Eldorado ginge ich dann nie anders, als nur mit der unschuldigsten, glänzendsten Seele, um zu malen oder mir sonst dichterische Feste zu geben. Ständen noch etwa zwischen dunkelblättrigen Tropengewächsen ein paar weiße, ruhige Marmorbilder alter Zeit, dann wäre freilich des Vergnügens letztes Ziel und Ende erreicht.

Sommerabends, wenn ich für die Blumen die Fenster öffnete, daß ein Luftbad hereinströme, säße ich im zweiten Zimmer, das das gemeine Wohngehäuse mit Tisch und Bett und Schrank und Schreibtisch ist, nähme auf ein Stündchen Vater Goethe zu Handen oder schriebe, oder

ginge hin und wieder, oder säße weit weg von der Abend-
lampe und schaute durch die geöffneten Türflügel nach
Paphos, in dem bereits die Dämmerung anginge oder gar
schon Mondenschein wäre, der im Gegensatze zu dem
trübgelben Erze meines Lampenlichtes schöne, weiße
Lilientafeln draußen auf die Wände legte, durch das Gezweig spielte, über die Steinbilder glitte und Silbermosaik
auf den Fußboden setzte. Dann stellte ich wohl den guten
Refraktor von Fraunhofer, den ich auch hätte, auf, um in
den Licht- und Nebellauen des Mondes eine halbe Stunde
zu wandeln; dann suchte ich den Jupiter, die Vesta und
andere, dann unersättlich den Sirius, die Milchstraße, die
Nebelflecken; dann neue, nur mit dem Rohre sichtbare
Nebelflecken; gleichsam durch tausend Himmel zurück-
geworfene Milchstraßen. In der erhabenen Stimmung, die
ich hätte, ginge ich dann gar nicht mehr, wie ich leider
jetzt abends tun muß, in das Gasthaus, sondern . . . .

Doch dies führt mich auf den zweiten Wunsch: nämlich
außer obiger Wohnung von zwei Zimmern noch drei an-
stoßende zu haben, in denen die allerschönste, holdeste,
liebevollste Gattin der Welt ihr Paphos hätte, aus dem sie
zuweilen hinter meinen Stuhl träte und sagte: diesen
Berg, dieses Wasser, diese Augen hast du schön gemacht.
Zu dieser Außerordentlichen ihres Geschlechts ginge ich
nun an jenem Abende hinein, führte sie heraus vor den
Fraunhofer, zeigte ihr die Welten des Himmels, und ginge
von einer zur andern, bis auch sie ergriffen würde von dem
Schauder dieser Unendlichkeit – und dann fingen begei-
sterte Gespräche an, und wir schauten gegenseitig in unsere Herzen, die auch ein Abgrund sind, wie der Himmel,
aber auch einer voll lauter Licht und Liebe, nur einige
Nebelflecke abgerechnet; – oder wir gingen dann zu ihrem
Pianoforte hinein, zündeten kein Licht an (denn der Mond
gießt breite Ströme desselben bei den Fenstern herein),

und sie spielte herrliche Mozart, die sie auswendig weiß, oder ein Lied von Schubert, oder schwärmte in eigenen Phantasieen herum – ich ginge auf und ab oder öffnete die Glastüren, die auf den Balkon führen, träte hinaus, ließe mir die Töne nachrauschen und sähe über das unendliche Funkengewimmel auf allen Blättern und Wipfeln unseres Gartens, oder wenn mein Haus an einem See stände – – – –

Aber, siehst Du, so bin ich – da wachsen die zwei Wünsche, daß sie mir am Ende kein König mehr verwirklichen könnte. Freilich wäre alles das sehr himmlisch, selbst wenn vor der Hand nur die zwei Zimmer da wären, auch mit etwas geringern Bildern; denn die Herrliche, die ich mir einbilde, wäre ja ohnedies nicht für mich leidenschaftlichen Menschen, der ich sie vielleicht täglich verletzte, wenn mich nicht etwa die Liebe zu einem völligen sanften Engel umwandelte. Indessen aber stehe ich noch hier und habe Mitleid mit meiner Behausung, die nur eine allereinzige Stube ist mit zwei Fenstern, durch die ich auf den Frühling hinausschaue, zu dem ich nicht einmal hinaus darf, und an Wipfeln und Gärten ist auch nichts Hinreichendes, außer den paar Zweigen des Nachbars, sondern die Höhe der Stube über andern Wohnungen läßt mich wohl ein sattsames Stück Himmel erblicken, aber auch Rauchfänge genug und mehrere Dächer, und ein paar Vorstadttürme. Die südlichen Wolken stellten sich indessen zu artigen Partieen zusammen und gewinnen immer liebere und wärmere Farben. Ich will, da ich schon nicht hinaus darf, einige abzustehlen suchen und auf der Leinwand aufzubewahren. – – Ich schrieb das Obenstehende heute morgens und malte fast den ganzen Tag Luftstudien. Abends begegnete mir ein artiger Vorfall. Auch moralischen und sogar zufälligen Erscheinungen gehen manchmal ihre Morgenröten vorher. Schon seit vielen Wochen ist mir die Bekanntschaft eines jungen Künstlers

versprochen worden. Heute wurde er als Krankenbesuch
von zwei Freunden gebracht, und siehe da! es war derselbe
junge, schöne Mann, den ich vor zwei Tagen auf dem
Spaziergange, der mir mein jetziges Halsweh zuzog, gefunden hatte. Ich erkannte ihn augenblicklich und war
fast verlegen; er gab kein Zeichen, daß er auf den Spazier-
gänger geachtet habe, der so dreist in sein Gesicht und
Studienbuch geschaut hat. Der Besuch war ein sehr ange-
nehmer, und die Bitte um Wiederholung wurde zugesagt.
Sein Name ist Lothar Disson, und sein vorzugsweises
Fach die Landschaft; doch soll er auch sehr glücklich
porträtieren.

Aus: Feldblumen

THEODOR FONTANE

SPAZIERGANG AM BERLINER KANAL

Eine Regenwolke stand am Himmel; aber nichts schöner
als kurze Aprilschauer, von denen es heißt, daß sie das
Wachstum fördern; und so schritt ich denn »am leichten
Stabe«, nur leider um einiges älter als Ibykus, auf die Pots-
damer Brücke zu, deren merkwürdige Kurvengleise – darauf sich die Pferdebahnwagen in fast ununterbrochener
Reihe heranschlängeln – immer aufs neue mein Interesse
zu wecken wissen. Da stand ich denn auch heute wieder an
das linksseitige Geländer gelehnt, einen rotgestrichenen
Flachkahn unter mir, über dessen Bestimmung eine dicht
neben mir angebrachte Brückentafel erwünschte Aus-
kunft gab: »Dieser Rettungskahn ist dem Schutze des Pu-
blikums anempfohlen.« Ein zu schützender Schützer und
Retter; mehr bescheiden als vertrauenerweckend.

Von meinem erhöhten Brückenstand aus war ich indes nicht bloß in der Lage, den Rettungskahn unter mir, sondern auch das schon jenseits der Eisenschienen gelegene Dreieck überblicken zu können, das, zunächst nur als Umspann- und Rasteplatz für Omnibusse bestimmt, außerdem auch noch durch zwei jener eigenartigen und modernster Zeit entstammenden Holzarchitekturen ausgezeichnet ist, denen man in den belebtesten Stadtteilen Berlins, trotz einer gewissen Gegensätzlichkeit ihrer Aufgaben, so oft nebeneinander begegnet. Der ausgebildete Kunst- und Geschmackssinn des Spreeatheners, vielleicht auch seine Stellung zu Literatur und Presse, nimmt an dieser provozierenden Gegensätzlichkeit so wenig Anstoß, daß er sich derselben eher freut als schämt, und während ihm ein letztes dienstliches Verhältnis der kleineren Bude zur größeren außer allem Zweifel ist, erkennt er in dieser größeren, mit ihren schräg aufstehenden Schmal- und Oberfenstern, zugleich eine kurzgefaßte Kritik all der mehr dem Idealen zugewandten Aufgaben der Schwesterbude.

Dieser letzteren näherte ich mich jetzt, um an ihrem Schalter das Abendblatt einer unsrer Zeitungen zu kaufen. Es war aber noch nicht da, was mich zu dem in ähnlicher Situation immer wieder von mir gewählten Auskunftsmittel greifen ließ: Ankauf der »Fliegenden Blätter«. Man zieht dabei selten das große Los, aber doch auch ebenso selten eine Niete.

Das Blatt erst überfliegend und dann vorsichtig unter den Rock knöpfend, war ich alsbald bis an den Anfang jener Straßenlinie vorgedrungen, die sich unter verschiedenen Namen bis zu dem Zoologischen Garten hinaufwindet, die ganze Linie eine Art Deutz, mit Köln am anderen Ufer, dessen Dom denn auch in Gestalt der Matthäikirche herrlich herübersah, die Situation beherrschend. Und nun kam »Blumeshof« mit seinem Freiblick auf den Magdeburger Platz, und eine kleine Weile danach, so war auch schon der Brückensteg da, der mich nach China hinüberführen sollte. So schmal ist die Grenze, die zwei Welten voneinander scheidet. Eine halbe Minute noch, und ich war drüben.

Kieswege liefen um einen eingefriedeten lawn, den, an dem einen Eck, ein paar mächtige Baumkronen überwölbten. Da nahm ich meinen Stand und sah nun auf China hin, das chinesisch genug dalag. Was da vorüberflutete, gelb und schwer und einen exotischen Torfkahn auf seinem Rücken, ja, wenn das nicht der Jangtsekiang war, so war es wenigstens einer seiner Zuflüsse. Ganz besonders echt aber erschien mir das gelbe Gewässer da, wo die Weiden sich überbeugten und ihr Gezweig eintauchten in die heilige Flut. Merkwürdig, es war eine fremdländische Luft um das Ganze her, selbst die Sonne, die durch das Regengewölk durchwollte, blinzelte sonderbar und war keine richtige märkische Sonne mehr. Alles versprach ethnographisch einen überreichen Ertrag, ein Glaube, der sich auch im Näherkommen nicht minderte; denn an einer freigelegten Stelle, will sagen da, wo die Maschen eines zierlichen Drahtgitters die solide Backsteinmauer durchbrachen, sah ich auf einen Vorgarten, darin ein Tulpenbaum in tausend Blüten stand, und ein breites Platanendach darüber. Alles so echt wie nur möglich, und so war es denn natürlich, daß ich jeden Augenblick erwartete, den unvermeidlichen chinesischen Pfau von einer Stange her kreischen zu hören.

Aber er kreischte nicht, trat überhaupt nicht in die Erscheinung, und als mein Hoffen und Harren eine kleine Viertelstunde lang ergebnislos verlaufen war, entschloß ich mich, ein langsames Umkreisen des gesandtschaftlichen Gesamtareals eintreten zu lassen. Ich rückte denn auch von Fenster zu Fenster vor, aber wiewohl ich, laut

Wohnungsanzeiger, sehr wohl wußte, daß, höherer Würdenträger zu geschweigen, sieben Attachés ihre Heimstätte hier hatten, so wollte doch nichts sichtbar werden, eine Tatsache, die mir übrigens nur das Gefühl einer Enttäuschung, nicht aber das einer Mißbilligung wachrief. Im Gegenteil. »Ein Innenvolk«, sagte ich mir, »feine, selbstbewußte Leute, die jede Schaustellung verschmähn. All die kleinen Künste, daran wir kranken, sind ihnen fremd geworden, und in mehr als einer Hinsicht ein Ideal repräsentierend, veranschaulichen sie höchste Kultur mit höchster Natürlichkeit.« Und in einem mir angeborenen Generalisierungshange das Thema weiter ausspinnend, gestaltete sich mir der an Fenster und Balkon ausbleibende Chinese zu einem Hymnus auf sein Himmlisches Reich.

Schließlich indes, nachdem ich noch wie von ungefähr einen in einer Hofnische stehenden antiken Flötenspieler entdeckt hatte, war ich um die ganze Halbinsel herum und stand wieder vor dem Gitterstück mit dem Tulpenbaum dahinter. Aber die Szene daselbst hatte sich mittlerweile sehr geändert, und während in Front der massiven Umfassungsmauern etliche Berliner Jungen Murmel spielten, sprangen, in geringem Abstande davon, einige kleine Mädchen über die Korde. Die älteste mochte elf Jahre sein. Jede Spur von Mandel- oder auch nur Schlitzäugigkeit war ausgeschlossen, und das mutmaßlich seit frühester Jugend immer nur mit Spreewasser behandelte starre Haar fiel, in allen Farben schillernd, über eine fußlige Pelerine, während die Gesichtsfarbe griesig war und die Augen überäugig vorstanden. So hüpfte sie, gelangweilt, weil schon von Vorahnungen kommender Lebensherrlichkeit erfüllt, über die Korde, der Typus eines Berliner Kellerbackfisches.

Ich sah dem zu. Nach einigen Minuten aber ließen die

Jungen von ihrem Murmelspiel und die Mädchen von ihrem Über-die-Korde-Springen ab und gaben mir, auseinanderstiebend, erwünschte und bequeme Gelegenheit, die Zeichnungen und Kreide-Inschriften zu mustern, die gerade da, wo sie gespielt hatten, die Chinesische Mauer reichlich überdeckten. Gleich das erste, was ich sah, erschien mir frappant. Es war das Wort »Schautau«. Wenn das nicht chinesisch war, so war es doch mindestens chinesiert, vielleicht ein bekannter Berolinismus in eine höhere, fremdländische Form gehoben. Aber alle meine Hoffnungen, an dieser Stelle Sprachwissenschaftliches von den Steinen herunterlesen zu können, zerrannen rasch, als ich die fast unmittelbar danebenstehenden Inschriften überflog. »Emmy ist sehr nett«, stand da zunächst über drei Längssteine hingeschrieben, und es war mir klar, daß eine schwärmerische Freundin Emmys (welche letztere wohl keine andere als die mit der Pelerine sein konnte) diese Liebeserklärung gemacht haben müsse. Parteiungen aber hatten auch hier das Idyllische bereits entweiht, denn auf einem Nachbarsteine las ich: »Emmy ist ein Schaf«, eine kränkende Bezeichnung, die sogar zweimal unterstrichen war. Auf welcher Seite die tiefere Menschenkenntnis lag, wer will es sagen? Haß irrt, aber Liebe auch.

Sinnend und enttäuscht zugleich hing ich dem allem nach, mehr und mehr von der Erfolglosigkeit meines Studienspazierganges und damit zugleich auch von der Notwendigkeit eines Rückzuges durchdrungen.

Ich trat ihn an, und kaum eine Viertelstunde später, so lag auch schon die heuer im April bereits zur Maienlaube gewordene Bellevuestraße hinter mir, und scharf rechts biegend, trat ich bei Josty ein, um mich nach all den Anstrengungen meiner Entdeckungsreise durch eine Tasse Kaffee zu kräftigen. Es war ziemlich voll unter dem

Glaspavillon oben, und siehe da, neben mir in hellblauer Seide saßen jetzt zwei *Chinesen*, ihre Zöpfe beinah kokett über die Stuhllehne niederhängend. Der jüngere, vielleicht erratend, von welchen chinesischen Attentaten ich herkam, sah mich schelmisch freundlich an, so schelmisch, wie nur Chinesen einen ansehen können, der ältere aber war in seine Lektüre vertieft, nicht in Konfutse, wohl aber in die Kölnische Zeitung. Und als nun die Tasse kam und ich das anderthalb Stunden lang vergeblich gesuchte Himmlische Reich so bequem und so gemütlich neben mir hatte, dacht' ich meiner Platenschen Lieblingsstrophe:

> Wohl kommt Erhörung oft geschritten
> Mit ihrer himmlischen Gewalt,
> Doch *dann* erst hört sie unser Bitten,
> Wenn unser Bitten lang verhallt.

Aus: Auf der Suche

KALENDERBLATT
MAI

Seit alter Zeit wird der Mai, der Wonnemonat, begrüßt, eingeholt, eingeblasen, eingesungen. Die unterschiedlichsten Bräuche – germanische, christliche, politische – bestimmen seinen Verlauf. Die katholische Kirche hat ihn zum Monat der Marienverehrung erklärt, die sich in stimmungsvollen Maiandachten bekundet. 1889 wurde der 1. Mai zum »Sozialistischen Weltfeiertag« erhoben und seitdem in West und Ost mit Kampfparolen gefeiert.

Schon in germanischen Kultbräuchen wurde der Maibaum aufgerichtet; wurden Maibraut und Maibräutigam oder Maigraf und Maikönigin gewählt. Heute ist der Mai der Hochzeitsmonat.

Sprüche

Viel Gewitter im Mai,
schreit der Bauer Juchhei!

Mai, kühl und naß,
füllt dem Bauern Scheuer und Faß.

Der Mai bringt Blumen zu Gesichte,
aber dem Magen keine Früchte.

Pankrazi, Servazi, Bonifazi
sind drei frostige Stazi,
und zum Schluß fehlt nie
die kalte Sophie.

WALTHER VON DER VOGELWEIDE
KÖNNT IHR SCHAUEN

Könnt ihr schauen, welche Wunder
sind dem Mai beschert!
Seht die Geistlichen, die Laien,
wie das alles sich regt!
Groß ist seine Macht:
Ich weiß nicht, ob er zaubern könne,
wohin er kommt in seiner Herrlichkeit,
da ist niemand alt.

Bald wird sich das Glück ereignen,
fröhlich sollen wir sein,
tanzen, lachen und singen,
ohne Lümmelei.
Ach, wer wäre traurig?
Da die Vögel also schön
singen ihre beste Weise –
tun wir ebenso!

Wohl dir, Mai, wie schlichtest du
alles in Freundlichkeit,
wie bekleidest du Wald und Au
und erst recht die Heide!
Die hat noch größern Glanz.
›Du bist kürzer‹ – ›Ich bin länger‹,
so wetteifern auf der Wiese
Blumen und Klee.

Roter Mund, wie entehrst du dich!
Laß dein Lachen sein.

Schäm dich, daß du mich anlachst
und mir Schaden tust.
Ist das wohlgetan?
Wehe der mißbrauchten Stunde,
soll aus lieblichem Munde
solche Unliebe ergehn!

Was mich, Herrin, um die Freude bringt,
das ist Eure Person.
Wegen Euch allein bin ich bekümmert,
ungnädige Frau.
Woher kommt Euch dieser Sinn?
Ihr seid doch reich an Gnaden:
Handelt Ihr gnadenlos an mir,
so seid Ihr nicht gut.

Nehmt mir, Herrin, meine Sorgen,
macht die Jahreszeit mir lieb:
sonst muß ich mir Freuden leihen.
Mögt Ihr glücklich sein!
Könnt Ihr um Euch blicken?
Es freut sich insgemein alle Welt:
daß mir doch von Euch ein kleines
Freudlein werden möchte!

MATTHIAS CLAUDIUS
DER FRÜHLING. AM ERSTEN MAIMORGEN.
DER GR. A. L. — G.

Heute will ich fröhlich, fröhlich sein,
    Keine Weis' und keine Sitte hören;
Will mich wälzen und für Freude schrein,
    Und der König soll mir das nicht wehren;

Denn *er* kommt mit seiner Freuden Schar
    Heute aus der Morgenröte Hallen,
Einen Blumenkranz um Brust und Haar
    Und auf seiner Schulter Nachtigallen;

Und sein Antlitz ist ihm rot und weiß,
    Und er träuft von Tau und Duft und Segen –
Ha! mein Thyrsus sei ein Knospenreis,
    Und so tauml' ich meinem Freund entgegen.

FRIEDRICH VON HAGEDORN
DER MAI

Der Nachtigall reizende Lieder
Ertönen und locken schon wieder
Die fröhlichsten Stunden ins Jahr.
Nun singet die steigende Lerche,
Nun klappern die reisenden Störche,
Nun schwatzet der gaukelnde Star.

Wie munter sind Schäfer und Herde!
Wie lieblich beblümt sich die Erde!
Wie lebhaft ist itzo die Welt!
Die Tauben verdoppeln die Küsse,
Der Entrich besuchet die Flüsse,
Der lustige Sperling sein Feld.

Wie gleichet doch Zephyr der Floren!
Sie haben sich weislich erkoren,
Sie wählen den Wechsel zur Pflicht.
Er flattert um Sprossen und Garben,
Sie liebet unzählige Farben,
Und Eifersucht trennet sie nicht.

Nun heben sich Binsen und Keime,
Nun kleiden die Blätter die Bäume,
Nun schwindet des Winters Gestalt,
Nun rauschen lebendige Quellen
Und tränken mit spielenden Wellen
Die Triften, den Anger, den Wald.

Wie buhlerisch, wie so gelinde
Erwärmen die westlichen Winde
Das Ufer, den Hügel, die Gruft!
Die jugendlich scherzende Liebe
Empfindet die Reizung der Triebe,
Empfindet die schmeichelnde Luft.

Nun stellt sich die Dorfschaft in Reihen,
Nun rufen euch eure Schalmeien,
Ihr stampfenden Tänzer, hervor.
Ihr springet auf grünender Wiese,
Der Bauerknecht hebet die Liese
In hurtiger Wendung empor.

Nicht fröhlicher, weidlicher, kühner
Schwang vormals der braune Sabiner
Mit männlicher Freiheit den Hut.
O reizet die Städte zum Neide,
Ihr Dörfer voll hüpfender Freude!
Was gleichet dem Landvolk an Mut?

LUDWIG CHRISTOPH HEINRICH
HÖLTY
DIE MAINACHT

Wenn der silberne Mond durch die Gesträuche blickt
Und sein schlummerndes Licht über den Rasen geußt,
   Und die Nachtigall flötet,
      Wandl ich traurig von Busch zu Busch.

Selig preis ich dich dann, flötende Nachtigall,
Weil dein Weibchen mit dir wohnet in einem Nest,
   Ihrem singenden Gatten
      Tausend trauliche Küsse gibt.

Überschattet von Laub, girret ein Taubenpaar
Sein Entzücken mir vor; aber ich wende mich,
   Suche dunkle Gesträuche,
      Und die einsame Träne rinnt.

Wann, o lächelndes Bild, welches wie Morgenrot
Durch die Seele mir strahlt, find ich auf Erden dich?
   Und die einsame Träne
      Bebt mir heißer die Wang herab.

LUDWIG CHRISTOPH HEINRICH
HÖLTY
ELEGIE AUF EINE NACHTIGALL

Sie ist dahin, die Maienlieder tönte,
        Die Sängerin,
Die durch ihr Lied den ganzen Hain verschönte,
        Sie ist dahin.
Sie, deren Lied mir in die Seele hallte,
        Wenn ich am Bach,
Der durchs Gebüsch im Abendgolde wallte,
        Auf Blumen lag.

Sie schmelzete die Wipfel in Entzücken.
        Der Widerklang
Entfuhr dem Schlaf, auf blauer Berge Rücken,
        Wenn ihr Gesang
Im Wipfel floß. Die ländlichen Schalmeien
        Erklangen drein,
Es tanzeten die Elfen ihre Reihen
        Darnach im Hain.

Dann lauschten oft die jugendlichen Bräute,
        Auf einer Bank
Von Rasen, an des trauten Lieblings Seite,
        Dem Zauberklang.
Sie drückten sich bei jeder deiner Fugen
        Die Hand einmal
Und hörten nicht, wenn deine Schwestern schlugen,
        O Nachtigall!

Sie lauschten, bis der Hall der Abendglocke
                                    Im Dorfe schwieg,
Und Hesperus, mit silberfarbner Locke,
                                    Dem Meer entstieg.
Und gingen dann, im Wehn der Abendkühle,
                                    Dem Dörfchen zu,
Mit einer Brust voll zärtlicher Gefühle,
                                    Voll süßer Ruh.

JOHANN WOLFGANG GOETHE
MAIFEST

Wie herrlich leuchtet
Mir die Natur!
Wie glänzt die Sonne!
Wie lacht die Flur!

Es dringen Blüten
Aus jedem Zweig
Und tausend Stimmen
Aus dem Gesträuch

Und Freud und Wonne
Aus jeder Brust.
O Erd', o Sonne,
O Glück, o Lust,

O Lieb', o Liebe,
So golden schön
Wie Morgenwolken
Auf jenen Höhn,

Du segnest herrlich
Das frische Feld,
Im Blütendampfe
Die volle Welt!

O Mädchen, Mädchen,
Wie lieb' ich dich!
Wie blinkt dein Auge,
Wie liebst du mich!

So liebt die Lerche
Gesang und Luft,
Und Morgenblumen
Den Himmelsduft,

Wie ich dich liebe
Mit warmen Blut,
Die du mir Jugend
Und Freud' und Mut

Zu neuen Liedern
Und Tänzen gibst.
Sei ewig glücklich,
Wie du mich liebst.

Mein Herz, mein Herz ist traurig,
Doch lustig leuchtet der Mai;
Ich stehe, gelehnt an der Linde,
Hoch auf der alten Bastei.

Da drunten fließt der blaue
Stadtgraben in stiller Ruh';
Ein Knabe fährt im Kahne,
Und angelt und pfeift dazu.

Jenseits erheben sich freundlich,
In winziger, bunter Gestalt,
Lusthäuser, und Gärten, und Menschen,
Und Ochsen, und Wiesen, und Wald.

Die Mägde bleichen Wäsche,
Und springen im Gras' herum;
Das Mühlrad stäubt Diamanten,
Ich höre sein fernes Gesumm'.

Am alten grauen Thurme
Ein Schilderhäuschen steht;
Ein rothgeröckter Bursche
Dort auf und nieder geht.

Er spielt mit seiner Flinte,
Die funkelt im Sonnenroth,

Er präsentirt und schultert –
Ich wollt', er schösse mich todt.

Aus: Neuer Frühling

PETER HILLE
MAIENWIND

Mutwillige Mädchenwünsche
Haben Flieder
Niedergebogen,
Blauen und weißen.

Wie Tauben sind sie weitergeflogen,
Mit Wangen, wilden und heißen.
Hoch in warmen, schelmischen Händen
Haschender Sonne
Geschwungene Strahlen.
Hellbehende Wonne
Weißer Kleider
Weht.

Mutwillige Mädchenwünsche
Haben sich Flieder
Niedergebogen,
Blauen und weißen –
Sind weitergezogen . . .

Ich gehe einen goldnen See entlang,
es schwärmt der Mai im Blütenüberschwang.
Kastanien harren hochzeitlich geschmückt,
daß ihnen bald das Liebeswunder glückt.
Ich harre zärtlich Deiner Wiederkehr;
mein Traumboot holt Dich übers Fliedermeer.
Der Kirsch- und Apfelbäume Rot und Weiß
geleitet farbig Dich zum Fest des Mais.
Vom Sang der Vögel ist die Luft bewegt,
die einen Blütenkranz ins Haar Dir legt.
Aus der Eisheiligen Zwischenspiel im Schnee
steigt wieder golden unser Fest am See.
Maikäfer falln Dir trunken in den Schoß,
der warme Wind macht Deine Brüste bloß.
Dann hüllt er uns in seinen Mantel ein
und läßt uns fern der Welt glückselig sein.
Wir wissen nichts von Wahn und Widerstreit
und sind geborgen jenseits aller Zeit.
Ich gehe einen goldnen See entlang
hinein in unsrer Liebe Überschwang . . .

Halt ein, maßloser Frühling,
Der uns mit Blühen tötet!
Um Haus und Stamm und Fels drängt sich Holunder,
Von allen Mauern stürzt sich die Akazie
In rosigen Kaskaden,
Und labyrinthisch schlingt sich um Betörte
Der zaubernde Jasmin.
Die Wiesen schwellen bunt und schäumen über.
Saft quillt aus tausend Kelchen
Und Trunkenheit.
Der Äther singt, die Erde selber taumelt.
Stürzt sie der Sonne zu?
Halt ein!

MAX HERRMANN-NEISSE
DIE EISHEILIGEN

Die Eisheiligen stehen mit steif gefrorenen Bärten,
aus denen der kalte Wind Schneekörner kämmt,
früh plötzlich in den blühenden Frühlingsgärten,
Nachzügler, Troß vom Winter, einsam, fremd.

Eine kurze Weile nur sind sie hilflos, betroffen,
dann stürzt die Meute auf den Blumenpfad.
Sie können nicht, sich lang zu halten, hoffen;
so wüsten sie in sinnlos böser Tat.

Von den Kastanien reißen sie die Kerzen
und trampeln tot der Beete bunten Kranz,
dem zarten, unschuldsvollen Knospenglück bereiten
                    sie hohnlachend Schmerzen,
zerstampfen junges Grün in geisterhaft
                    verbißnem Kriegestanz.

Plötzlich mitten in all dem Toben und Rasen
ist ihre Kraft vertan,
und die ersten warmen Winde blasen
aus der Welt den kurzen Wahn.

GÜNTER EICH
MIT KLAPPERNDEN ZÄHNEN
AM MORGEN SOPHIE

Nachts besucht mich keine
als die Kalte Sophie.
Sie greift mir frech an die Beine
und stößt mir Frost in die Knie.

Sie ist ganz die meine.
Mit eisiger Koketterie
schmiegt sie sich an mich, die Kleine,
so lüstern kannt ich sie nie.

Daß ich vor Ohnmacht weine,
darum hasse ich sie,
sie, die einzige eine
Nacht der Kalten Sophie.

Am Ersten Mai
Gehn Vater und Mutter in einer Reih
Kämpfen für ein beßres Leben.
Fron und Armut darf's nicht geben:
Da sind wir auch dabei.
    Grün sind die Zweige
    Die Fahne ist rot.
    Nur der Feige
    Duldet Not.

's ist Monat Mai.
Im Acker die Hälmchen stehn Reih an Reih.
Gute Ernte – gutes Leben!
Lasset uns die Hand drauf geben
Daß es die unsere sei.
    Grün sind die Fluren
    Die Fahne ist rot.
    Unser die Arbeit
    Unser das Brot!

HEINRICH HEINE
ES IST HEUTE DER ERSTE MAI

Es ist heute der erste Mai. Wie ein Meer des Lebens
ergießt sich der Frühling über die Erde, der weiße Blüten-
schaum bleibt an den Bäumen hängen, ein weiter, warmer

Nebelglanz verbreitet sich überall. In der Stadt blitzen freudig die Fensterscheiben der Häuser, an den Dächern bauen die Spatzen wieder ihre Nestchen, auf der Straße wandeln die Leute und wundern sich, daß die Luft so angreifend und ihnen selbst so wunderlich zu Mute ist; die bunten Vierlanderinnen bringen Veilchensträußer; die Waisenkinder, mit ihren blauen Jäckchen und ihren lieben, unehelichen Gesichtchen, ziehen über den Jungfernstieg und freuen sich, als sollten sie heute einen Vater wiederfinden; der Bettler an der Brücke schaut so vergnügt, als hätte er das große Los gewonnen, sogar den schwarzen, noch ungehenkten Makler, der dort mit seinem spitzbübischen Manufakturwaren-Gesicht einherläuft, bescheint die Sonne mit ihren tolerantesten Strahlen, – ich will hinauswandern vor das Tor.

Es ist der erste Mai, und ich denke deiner, du schöne Ilse – oder soll ich dich »Agnes« nennen, weil dir dieser Name am besten gefällt? – ich denke deiner, und ich möchte wieder zusehen, wie du leuchtend den Berg hinabläufst. Am liebsten aber möchte ich unten im Tale stehen und dich auffangen in meine Arme. – Es ist ein schöner Tag! Überall sehe ich die grüne Farbe, die Farbe der Hoffnung. Überall, wie holde Wunder, blühen hervor die Blumen, und auch mein Herz will wieder blühen. Dieses Herz ist auch eine Blume, eine gar wunderliche. Es ist kein bescheidenes Veilchen, keine lachende Rose, keine reine Lilie, oder sonstiges Blümchen, das mit artiger Lieblichkeit den Mädchensinn erfreut, und sich hübsch vor den hübschen Busen stecken läßt, und heute welkt und morgen wieder blüht. Dieses Herz gleicht mehr jener schweren, abenteuerlichen Blume aus den Wäldern Brasiliens, die, der Sage nach, alle hundert Jahre nur einmal blüht. Ich erinnere mich, daß ich als Knabe eine solche Blume gesehen. Wir hörten in der Nacht einen Schuß, wie von einer

171

Pistole, und am folgenden Morgen erzählten mir die Nachbarskinder, daß es ihre »Aloe« gewesen, die mit solchem Knalle plötzlich aufgeblüht sei. Sie führten mich in ihren Garten, und da sah ich, zu meiner Verwunderung, daß das niedrige, harte Gewächs mit den närrisch breiten, scharfgezackten Blättern, woran man sich leicht verletzen konnte, jetzt ganz in die Höhe geschossen war, und oben, wie eine goldene Krone, die herrlichste Blüte trug. Wir Kinder konnten nicht so hoch hinaufsehen, und der alte, schmunzelnde Christian, der uns lieb hatte, baute eine hölzerne Treppe um die Blume herum, und da kletterten wir hinauf, wie die Katzen, und schauten neugierig in den offenen Blumenkelch, woraus die gelben Strahlenfäden und wildfremden Düfte mit unerhörter Pracht hervordrangen.

Ja, Agnes, oft und leicht kommt dieses Herz nicht zum Blühen; so viel ich mich erinnere, hat es nur ein einziges Mal geblüht, und das mag schon lange her sein, gewiß schon hundert Jahr. Ich glaube, so herrlich auch damals seine Blüte sich entfaltete, so mußte sie doch aus Mangel an Sonnenschein und Wärme elendiglich verkümmern, wenn sie nicht gar von einem dunkeln Wintersturme gewaltsam zerstört worden. Jetzt aber regt und drängt es sich wieder in meiner Brust, und hörst du plötzlich den Schuß – Mädchen, erschrick nicht! ich hab mich nicht tot geschossen, sondern meine Liebe sprengt ihre Knospe, und schießt empor in strahlenden Liedern, in ewigen Dithyramben, in freudigster Sangesfülle.

Ist dir aber diese hohe Liebe zu hoch, Mädchen, so mach es dir bequem, und besteige die hölzerne Treppe, und schaue von dieser hinab in mein blühendes Herz.

Es ist noch früh am Tage, die Sonne hat kaum die Hälfte ihres Weges zurückgelegt, und mein Herz duftet schon so stark, daß es mir betäubend zu Kopfe steigt, daß ich nicht

mehr weiß, wo die Ironie aufhört und der Himmel an-
fängt, daß ich die Luft mit meinen Seufzern bevölkere,
und daß ich selbst wieder zerrinnen möchte in süße
Atome, in die unerschaffene Gottheit; – wie soll das erst
gehen, wenn es Nacht wird, und die Sterne am Himmel
erscheinen, »die unglückselgen Sterne, die dir sagen können – –«

Es ist der erste Mai, der lumpigste Ladenschwengel hat
heute das Recht, sentimental zu werden, und dem Dichter
wolltest du es verwehren?

Aus: Die Harzreise

JOHANN WOLFGANG GOETHE
EINE WUNDERBARE HEITERKEIT
HAT MEINE GANZE SEELE
EINGENOMMEN

Am 10. Mai
Eine wunderbare Heiterkeit hat meine ganze Seele eingenommen, gleich den süßen Frühlingsmorgen, die ich mit
ganzem Herzen genieße. Ich bin allein und freue mich
meines Lebens in dieser Gegend, die für solche Seelen
geschaffen ist wie die meine. Ich bin so glücklich, mein
Bester, so ganz in dem Gefühle von ruhigem Dasein versunken, daß meine Kunst darunter leidet. Ich könnte
jetzt nicht zeichnen, nicht einen Strich, und bin nie ein
größerer Maler gewesen als in diesen Augenblicken. Wenn
das liebe Tal um mich dampft und die hohe Sonne an der
Oberfläche der undurchdringlichen Finsternis meines
Waldes ruht und nur einzelne Strahlen sich in das innere
Heiligtum stehlen, ich dann im hohen Grase am fallenden

Bache liege und näher an der Erde tausend mannigfaltige Gräschen mir merkwürdig werden; wenn ich das Wimmeln der kleinen Welt zwischen Halmen, die unzähligen unergründlichen Gestalten der Würmchen, der Mückchen näher an meinem Herzen fühle und fühle die Gegenwart des Allmächtigen, der uns nach seinem Bilde schuf, das Wehen des Alliebenden, der uns in ewiger Wonne schwebend trägt und erhält; mein Freund, wenn's dann um meine Augen dämmert und die Welt um mich her und der Himmel ganz in meiner Seele ruhn wie die Gestalt einer Geliebten, dann sehne ich mich oft und denke: Ach, könntest du das wieder ausdrücken, könntest du dem Papiere das einhauchen, was so voll, so warm in dir lebt, daß es würde der Spiegel deiner Seele, wie deine Seele ist der Spiegel des unendlichen Gottes! – Mein Freund! – Aber ich gehe darüber zugrunde, ich erliege unter der Gewalt der Herrlichkeit dieser Erscheinungen.

Am 12. Mai

Ich weiß nicht, ob täuschende Geister um diese Gegend schweben, oder ob die warme himmlische Phantasie in meinem Herzen ist, die mir alles rings umher so paradiesisch macht. Da ist gleich vor dem Orte ein Brunnen, ein Brunnen, an den ich gebannt bin wie Melusine mit ihren Schwestern. – Du gehst einen kleinen Hügel hinunter und findest Dich vor einem Gewölbe, da wohl zwanzig Stufen hinabgehen, wo unten das klarste Wasser aus Marmorfelsen quillt. Die kleine Mauer, die oben umher die Einfassung macht, die hohen Bäume, die den Platz rings umher bedecken, die Kühle des Ortes, das hat alles so was Anzügliches, was Schauerliches. Es vergeht kein Tag, daß ich nicht eine Stunde da sitze. Da kommen dann die Mädchen aus der Stadt und holen Wasser, das harmloseste Geschäft und das nötigste, das ehemals die Töchter der Könige

selbst verrichteten. Wenn ich da sitze, so lebt die patri-
archalische Idee so lebhaft um mich, wie sie alle, die
Altväter, am Brunnen Bekanntschaft machen und freien,
und wie um die Brunnen und Quellen wohltätige Geister
schweben. Oh, der muß nie nach einer schweren Sommer-
tagswanderung sich an des Brunnens Kühle gelabt haben,
der das nicht mitempfinden kann.

Am 13. Mai

Du fragst, ob Du mir meine Bücher schicken sollst? –
Lieber, ich bitte Dich um Gottes willen, laß mir sie vom
Halse! Ich will nicht mehr geleitet, ermuntert, angefeuert
sein, braust dieses Herz doch genug aus sich selbst; ich
brauche Wiegengesang, und den habe ich in seiner Fülle
gefunden in meinem Homer. Wie oft lull' ich mein empör-
tes Blut zur Ruhe; denn so ungleich, so unstet hast Du
nichts gesehn als dieses Herz. Lieber, brauch' ich Dir das
zu sagen, der Du so oft die Last getragen hast, mich vom
Kummer zur Ausschweifung und von süßer Melancholie
zur verderblichen Leidenschaft übergehen zu sehn? Auch
halte ich mein Herzchen wie ein krankes Kind; jeder Wille
wird ihm gestattet. Sage das nicht weiter; es gibt Leute,
die mir es verübeln würden.

Am 22. Mai

Daß das Leben des Menschen nur ein Traum sei, ist manchen schon so vorgekommen, und auch mit mir zieht
dieses Gefühl immer herum. Wenn ich die Einschränkung
ansehe, in welcher die tätigen und forschenden Kräfte des
Menschen eingesperrt sind; wenn ich sehe, wie alle Wirk-
samkeit dahinaus läuft, sich die Befriedigung von Bedürf-
nissen zu verschaffen, die wieder keinen Zweck haben, als
unsere arme Existenz zu verlängern, und dann, daß alle
Beruhigung über gewisse Punkte des Nachforschens nur

eine träumende Resignation ist, da man sich die Wände, zwischen denen man gefangen sitzt, mit bunten Gestalten und lichten Aussichten bemalt. – Das alles, Wilhelm, macht mich stumm. Ich kehre in mich selbst zurück und finde eine Welt! Wieder mehr in Ahnung und dunkler Begier als in Darstellung und lebendiger Kraft. Und da schwimmt alles vor meinen Sinnen, und ich lächle dann so träumend weiter in die Welt.

Daß die Kinder nicht wissen, warum sie wollen, darin sind alle hochgelahrten Schul- und Hofmeister einig; daß aber auch Erwachsene gleich Kindern auf diesem Erdboden herumtaumeln, und wie jene nicht wissen, woher sie kommen und wohin sie gehen, ebensowenig nach wahren Zwecken handeln, ebenso durch Biskuit und Kuchen und Birkenreiser regiert werden: das will niemand gern glauben, und mich dünkt, man kann es mit Händen greifen.

Ich gestehe Dir gern, denn ich weiß, was Du mir hierauf sagen möchtest, daß diejenigen die Glücklichsten sind, die gleich den Kindern in den Tag hinein leben, ihre Puppen herumschleppen, aus- und anziehen und mit großem Respekt um die Schublade umherschleichen, wo Mama das Zuckerbrot hineingeschlossen hat, und wenn sie das Gewünschte endlich erhaschen, es mit vollen Backen verzehren und rufen: Mehr! – Das sind glückliche Geschöpfe. Auch denen ist's wohl, die ihren Lumpenbeschäftigungen oder wohl gar ihren Leidenschaften prächtige Titel geben und sie dem Menschengeschlechte als Riesenoperationen zu dessen Heil und Wohlfahrt anschreiben. – Wohl dem, der so sein kann! Wer aber in seiner Demut erkennt, wo das alles hinausläuft, wer da sieht, wie artig jeder Bürger, dem es wohl ist, sein Gärtchen zum Paradiese zuzustutzen weiß, und wie unverdrossen dann doch auch der Unglückliche unter der Bürde seinen Weg fortkeucht, und alle gleich interessiert sind, das Licht dieser Sonne noch eine

Minute länger zu sehn – ja, der ist still und bildet auch seine Welt aus sich selbst und ist auch glücklich, weil er ein Mensch ist. Und dann, so eingeschränkt er ist, hält er doch immer im Herzen das süße Gefühl der Freiheit, und daß er diesen Kerker verlassen kann, wann er will.

Am 26. Mai

Du kennst von alters her meine Art, mich anzubauen, mir irgend an einem vertraulichen Ort ein Hüttchen aufzuschlagen und da mit aller Einschränkung zu herbergen. Auch hier hab' ich wieder ein Plätzchen angetroffen, das mich angezogen hat.

Ungefähr eine Stunde von der Stadt liegt ein Ort, den sie Wahlheim* nennen. Die Lage an einem Hügel ist sehr interessant, und wenn man oben auf dem Fußpfade zum Dorf herausgeht, übersieht man auf einmal das ganze Tal. Eine gute Wirtin, die gefällig und munter in ihrem Alter ist, schenkt Wein, Bier, Kaffee; und was über alles geht, sind zwei Linden, die mit ihren ausgebreiteten Ästen den kleinen Platz vor der Kirche bedecken, der ringsum mit Bauernhäusern, Scheuern und Höfen eingeschlossen ist. So vertraulich, so heimlich hab' ich nicht leicht ein Plätzchen gefunden, und dahin lass' ich mein Tischchen aus dem Wirtshause bringen und meinen Stuhl, trinke meinen Kaffee da und lese meinen Homer. Das erstemal, als ich durch einen Zufall an einem schönen Nachmittage unter die Linden kam, fand ich das Plätzchen so einsam. Es war alles im Felde; nur ein Knabe von ungefähr vier Jahren saß an der Erde und hielt ein anderes, etwa halbjähriges vor ihm zwischen seinen Füßen sitzendes Kind mit beiden Armen wider seine Brust, so daß er ihm zu einer Art von

* Der Leser wird sich keine Mühe geben, die hier genannten Orte zu suchen, man hat sich genötigt gesehen, die im Originale befindlichen wahren Namen zu verändern.

177

Sessel diente, und, ungeachtet der Munterkeit, womit er aus seinen schwarzen Augen herumschaute, ganz ruhig saß. Mich vergnügte der Anblick: ich setzte mich auf einen Pflug, der gegenüberstand, und zeichnete die brüderliche Stellung mit vielem Ergetzen. Ich fügte den nächsten Zaun, ein Scheunentor und einige gebrochene Wagenräder bei, alles, wie es hintereinander stand, und fand nach Verlauf einer Stunde, daß ich eine wohlgeordnete, sehr interessante Zeichnung verfertigt hatte, ohne das mindeste von dem Meinen hinzuzutun. Das bestärkte mich in meinem Vorsatze, mich künftig allein an die Natur zu halten. Sie allein ist unendlich reich, und sie allein bildet den großen Künstler. Man kann zum Vorteile der Regeln viel sagen, ungefähr was man zum Lobe der bürgerlichen Gesellschaft sagen kann. Ein Mensch, der sich nach ihnen bildet, wird nie etwas Abgeschmacktes und Schlechtes hervorbringen, wie einer, der sich durch Gesetze und Wohlstand modeln läßt, nie ein unerträglicher Nachbar, nie ein merkwürdiger Bösewicht werden kann; dagegen wird aber auch alle Regel, man rede, was man wolle, das wahre Gefühl von Natur und den wahren Ausdruck derselben zerstören! Sag Du, das ist zu hart! Sie schränkt nur ein, beschneidet die geilen Reben usw. – Guter Freund, soll ich Dir ein Gleichnis geben? Es ist damit wie mit der Liebe. Ein junges Herz hängt ganz an einem Mädchen, bringt alle Stunden seines Tages bei ihr zu, verschwendet alle seine Kräfte, all sein Vermögen, um ihr jeden Augenblick auszudrücken, daß er sich ganz ihr hingibt. Und da käme ein Philister, ein Mann, der in einem öffentlichen Amte steht, und sagte zu ihm: Feiner junger Herr! Lieben ist menschlich, nur müßt ihr menschlich lieben! Teilet eure Stunden ein, die einen zur Arbeit, und die Erholungsstunden widmet eurem Mädchen. Berechnet euer Vermögen, und was euch von eurer Notdurft übrig bleibt, davon verwehr' ich euch nicht, ihr ein Geschenk, nur nicht zu oft, zu machen, etwa zu ihrem Geburts- und Namenstage usw. – Folgt der Mensch, so gibt's einen brauchbaren jungen Menschen, und ich will selbst jedem Fürsten raten, ihn in ein Kollegium zu setzen; nur mit seiner Liebe ist's am Ende, und wenn er ein Künstler ist, mit seiner Kunst. O meine Freunde! Warum der Strom des Genies so selten ausbricht, so selten in hohen Fluten hereinbraust und eure staunende Seele erschüttert? – Liebe Freunde, da wohnen die gelassenen Herren auf beiden Seiten des Ufers, denen ihre Gartenhäuschen, Tulpenbeete und Krautfelder zugrunde gehen würden, die daher in Zeiten mit Dämmen und Ableiten der künftig drohenden Gefahr abzuwehren wissen.

Aus: Die Leiden des jungen Werthers

JEAN PAUL
WANDERUNG VON KUHSCHNAPPEL
NACH BAIREUTH

Die Abdankung des Nachtwächters trieb ihn endlich aus dem Schlafsessel in den gestirnten, wehenden Morgen hinaus.

Er schlich aber vorher noch einmal in die Kammer an das heißträumende Rosenmädchen, drückte ein Fenster zu, dessen kalte Zugluft heimlich ihr wehrloses Herz anfiel, und hielt seine nahen Lippen vom weckenden Kusse ab und sah sie bloß so gut an, als es das Sternenlicht und das blasse Morgenrot erlaubten, bis er das zu dunkel werdende Auge beim Gedanken wegwandte: ich sehe sie vielleicht zum letzten Mal.

Bei dem Durchgange durch die Stube sah ihn ordentlich ihr Flachsrocken mit seinen breiten farbigen Papierbändern, womit sie ihn aus Mangel an Seidenband zierlich umwickelt hatte, und ihr stilles Spinnrad an, das sie gewöhnlich in dunkler Morgen- und Abendzeit, wo nicht gut zu nähen war, zu treten gepflegt; und als er sich vorstellte, wie sie während seiner Abwesenheit ganz einsam das Rädchen und die Flöckchen so eifrig handhaben werde: so riefen alle Wünsche in ihm: es gehe der Armen doch gut, und immer, wenn ich sie auch wiedersehe.

Dieser Gedanke des letzten Mals wurde draußen noch lebhafter durch den kleinen Schwindel, den die Wallungen und der Abbruch des Schlummers ihm in den physischen Kopf setzten, und durch das wehmütige Zurückblicken auf sein weichendes Haus, auf die verdunkelte Stadt und auf die Verwandlung des Vorgrunds in einen Hintergrund und auf das Entfliehen der Spaziergänge und aller Höhen, auf denen er oft sein erstarrtes, in den vorigen Winter eingefrornes Herz warm getragen hatte. Hinter ihm fiel das Blatt, worauf er sich als Blattwickler und Minierraupe herumgekäuet hatte, als *Blätterskelett* herab.

Aber die erste *fremde* Erde, die er noch mit keinen Stationen seines Leidens bezeichnet hatte, sog schon, wie Schlangenstein, aus seinem Herzen einige scharfe Gifttropfen des Grams.

Nun schoß die Sonnenflamme immer näher herauf an die entzündeten Morgenwolken – endlich gingen am Himmel und in den Bächen und in den Teichen und in den blühenden Taukelchen hundert Sonnen miteinander auf, und über die Erde schwammen tausend Farben, und aus dem Himmel brach ein einziges lichtes Weiß.

Das Schicksal pflückte aus Firmians Seele, wie Gärtner im Frühling aus Blumen, die meisten alten, gelben, welken Blättchen aus. – Durch das Gehen nahm das Schwindeln mehr ab als zu. In der Seele stieg eine überirdische Sonne mit der zweiten am Himmel. In jedem Tal, in jedem Wäldchen, auf jeder Höhe warf er einige pressende Ringe von der engen Puppe des winterlichen Lebens und Kummers ab und faltete die nassen Ober- und Unterflügel auf und ließ sich von den Mailüften mit vier ausgedehnten Schwingen in den Himmel unter tiefere Tagschmetterlinge und über höhere Blumen wehen.

Aber wie kräftig fing das bewegte Leben an, in ihm zu gären und zu brausen, da er aus der Diamantgrube eines Tales voll Schatten und Tropfen heraustieg, einige Stufen unter dem Himmeltore des Frühlings. – Wie aus dem Meere, und noch naß, hatte ein allmächtiges Erdbeben eine unübersehliche, neugeschaffne, in Blüte stehende Ebene mit jungen Trieben und Kräften heraufgedrängt – das Feuer der Erde loderte unter den Wurzeln des weiten hangenden Gartens, und das Feuer des Himmels flammte herab und brannte den Gipfeln und Blumen die Farben ein – zwischen den Porzellantürmen weißer Berge standen die gefärbten blühenden Höhen als Throngerüste der Fruchtgöttinnen – über das weite Lustlager zogen sich Blütenkelche und schwüle Tropfen als bevölkerte Zelte hinauf und hinab, der Boden war mit wimmelnden Bruttafeln von Gräsern und kleinen Herzen belegt, und ein Herz ums andere riß sich geflügelt oder mit Floßfedern oder mit Fühlfäden aus den heißen Brutzellen der Natur empor und sumste und sog und schnalzte und sang, und für jeden Honigrüssel war schon lange der Freudenkelch aufgetan. – Nur das Schoßkind der unendlichen Mutter, der Mensch, stand allein mit hellen frohen Augen auf dem Marktplatz der lebendigen Sonnenstadt voll Glanz und Lärm und schauete trunken rund herum in alle unzählige Gassen. – Aber seine ewige Mutter ruhte verhüllt in der Unermeßlichkeit, und nur an der Wärme, die an sein Herz ging, fühlte er, daß er an ihrem liege . . . – Firmian ruhte in einer Bauerhütte von diesem zweistündigen Rausch des Herzens aus. Der brausende Geist dieses Freudenkelchs stieg einem Kranken wie ihm leichter in das Herz, wie andern Kranken in den Kopf.

Als er wieder ins Freie trat, lösete sich der Glanz in Helle auf, die Begeisterung in Heiterkeit. Jeder rote hängende Maikäfer und jedes rote Kirchendach und jeder schillernde Strom, der Funken und Sterne sprühte, warf fröhliche Lichter und hohe Farben in seine Seele. Wenn er in den laut atmenden und schnaubenden Waldungen das Schreien der Köhler und das Widerhallen der Peitschen und das Krachen fallender Bäume vernahm – wenn er dann hinaustrat und die weißen Schlösser anschauete und die weißen Straßen, die wie Sternbilder und Milchstraßen den tiefen Grund aus Grün durchschnitten, und die glänzenden Wolkenflocken im tiefen Blau – und wenn die Funkenblitze bald von Bäumen tropften, bald aus Bächen stäubten, bald über ferne Sägen glitten: – so konnte ja wohl kein dunstiger Winkel seiner Seele, keine umstellte Ecke mehr ohne Sonnenschein und Frühling bleiben; das nur im feuchten Schatten wachsende Moos der nagenden zehrenden Sorge fiel im Freien von seinen Brot- und Freiheitbäumen ab, und seine Seele mußte ja in die tausend um ihn fliegenden und sumsenden Singstimmen einfallen und mitsingen: das Leben ist schön, und die Jugend ist noch schöner, und der Frühling ist am allerschönsten.

Der vorige Winter lag hinter ihm wie der düstere zugefrorne Südpol, und der Reichsmarktflecken lag unter ihm wie ein dumpfiges tiefes Schulkarzer mit triefendem Gemäuer. Bloß über seine Stube kreuzten heitere breite Sonnenstreife; und noch dazu dachte er sich seine Lenette darin als Alleinherrscherin, die heute kochen, waschen und reden durfte, was sie wollte, und die überdies den ganzen Tag den Kopf (und die Hände) davon voll hatte, was abends Liebes komme. Er gönnt' ihr heute in ihrer engen Eierschale, Schwefelhütte und Kartause recht von Herzen den herumfließenden Glanz, den in ihr Petrus-Gefängnis der eintretende Engel mitbrachte, der Pelzstiefel. »Ach, in Gottes Namen«, dacht' er, »soll sie so freudig sein wie ich, und noch mehr, wenns möglich ist.«

Je mehre Dörfer vor ihm mit ihren wandernden Theatertruppen vorüberliefen: desto theatralischer kam ihm das Leben vor[*] – seine Bürden wurden Gastrollen und aristotelische Knoten – seine Kleider Opernkleider – seine neuen Stiefeln Kothurne – sein Geldbeutel eine Theaterkasse – und eine der schönsten Erkennungen auf dem Theater bereitete sich ihm an dem Busen seines Lieblinges zu . . .

Nachmittags um 3½ Uhr wurde auf einmal in einem noch schwäbischen Dorfe, nach dessen Namen er nicht gefragt, in seiner Seele alles zu Wasser, zu Tränen, so daß er sich selber über die Erweichung verwunderte. Die Nachbarschaft um ihn ließ eher das Widerspiel vermuten: er stand an einem alten, ein wenig gesenkten Maienbaum mit dürrem Gipfel – die Bauerweiber begossen die im Sonnenlicht glänzende Leinwand auf dem Gemeindeanger – und warfen den gelbwollichten Gänsen die zerhackten *Eier* und Nesseln als Futter vor – Hecken wurden von einem adeligen Gärtner beschoren, und die Schafe, die es schon waren, wurden vom Schweizerhorn des Hirten um den Maienbaum versammelt. – Alles war so jugendlich, so hold, so italienisch – der schöne Mai hatte alles halb oder ganz entkleidet, die Schafe, die Gänse, die

---

[*] Jede Reise verwandelt das Spießbürgerliche und Kleinstädtische in unserer Brust in etwas Weltbürgerliches und Göttlichstädtisches (Stadt Gottes).

Weiber, den Hornisten, den Heckenscherer und seine Hecken . . .

Warum wurd' er in einer so lachenden Umgebung zu weich? – Im Grunde weniger darum, weil er heute den ganzen Tag zu froh gewesen war, als hauptsächlich, weil der Schaf-Fagottist durch seine Komödienpfeife seine Truppe unter den Maienbaum rief. Firmian hatte in seiner Kindheit hundertmal den Schafstall seines Vaters dem blasenden Prager und Schäfer unter den Hirtenstab getrieben – und dieser Alpen-Kuhreigen weckte auf einmal seine rosenrote Kindheit, und sie richtete sich aus ihrem Morgentau und aus ihrer Laube von Blütenknospen und eingeschlafnen Blumen auf und trat himmlisch vor ihn und lächelte ihn unschuldig und mit ihren tausend Hoffnungen an und sagte: »Schau' mich an, wie schön ich bin – wir haben zusammen gespielt – ich habe dir sonst viel geschenkt, große Reiche und Wiesen und Gold und ein schönes, langes Paradies hinter dem Berg – aber du hast ja gar nichts mehr! Und bist noch dazu so bleich! Spiele wieder mit mir!« – O wem unter uns wird nicht die Kindheit tausendmal durch Musik geweckt, und sie redet ihn an und fragt ihn: »Sind die Rosenknospen, die ich dir gab, denn noch nicht aufgebrochen?« O wohl sind sie's, aber weiße Rosen warens.

Seine Freudenblumen schloß der Abend mit ihren Blättern über ihren Honiggefäßen zu, und auf sein Herz fiel der Abendtau der Wehmut kälter und größer, je länger er ging. Gerade vor Sonnenuntergang kam er vor ein Dorf – leider ists mir aus dem Gedächtnis wie ausgestrichen, obs Honhart oder Honstein oder Jaxheim war: so viel darf ich für gewiß ausgeben, daß es eines von dreien war, weil es neben dem Fluß Jaxt und an der Ellwangschen Grenze im Anspachschen lag. Sein Nachtquartier rauchte vor ihm im Tal. Er legte sich, eh' ers bezog, auf einem Hügel unter

einen Baum, dessen Blätter und Zweige ein Chorpult sin-
gender Wesen waren. Nicht weit von ihm glänzte in der
Abendsonne das Rauschgold eines zitternden Wassers,
und über ihm flatterte das vergoldete Laubwerk um die
weißen Blüten, wie Gräser um Blumen. Der Guckguck,
der sein eigner Resonanzboden und sein eignes vielfaches
Echo ist, redete ihn aus finstern Gipfeln mit einer trüben
Klagstimme an – die Sonne floß dahin – über den Glanz
des Tages warfen die Schatten dichtere Trauerflöre – unser
Freund war ganz allein – und er fragte sich: »Was wird
jetzt meine Lenette tun, und an wen wird sie denken, und
wer wird bei ihr sein?« – Und hier durchstieß der Gedanke:
»Aber ich habe keine Geliebte an meiner Hand!« mit einer
Eishand sein Herz. Und als er sich die schöne, zarte weibliche Seele recht klar gemalet hatte, die er oft gerufen,
aber nie gesehen, der er gern so viel, nicht bloß sein Herz,
nicht bloß sein Leben, sondern alle seine Wünsche, alle
seine Launen hingeopfert hätte: so ging er freilich den
Hügel mit schwimmenden Augen, die er vergeblich trock-
nete, hinunter; aber wenigstens jede gute weibliche Seele,
die mich liest und die vergeblich oder verarmend geliebt,
wird ihm seine heißen Tropfen vergeben, weil sie selber
erfahren, wie der innre Mensch gleichsam durch eine vom
giftigen Samielwinde durchzogne Wüste reiset, in welcher
entseelte, vom Winde getroffne Gestalten liegen, deren
Arme sich abreißen von der eingeäscherten Brust, wenn
der Lebendige sie ergreift und anziehen will an seine
warme. Aber ihr, in deren Händen so manche erkalteten
durch Wankelmut oder durch Todesfrost, ihr dürft doch
nicht so klagen wie der Einsame, der nie etwas verloren,
weil er nie etwas gewonnen, und der nach einer ewigen
Liebe schmachtet, von der ihm nicht einmal eine zeitliche
ein Trugbild jemals zum Troste zugesandt.

Firmian brachte eine stille, weiche, sich träumendheilende Seele in sein Nachtlager und auf sein Bette mit. Wenn er darin den Blick aufschlug aus dem Schlummer, schimmerten die Sternbilder, die sein Fenster ausschnitt, freundlich in seine frohen hellen Augen und warfen ihm die astrologische Weissagung eines heitern Tages herab.

Er flatterte mit der ersten Lerche und mit ebenso viel Trillern und Kräften aus der Furche seines Bettes auf. Er konnte diesen Tag, wo die Ermüdung seinen Phantasien die Paradiesvogel-Schwingen berupfte, nicht ganz aus dem Anspachischen gelangen.

Den Tag darauf erreichte er das Bambergische (denn Nürnberg und dessen pays coutumiers und pays du droit écrit ließ er rechts liegen). Sein Weg lief von einem Paradies durch das andere – Die Ebene schien aus musivisch aneinander gerückten Gärten zu bestehen – Die Berge schienen sich gleichsam tiefer auf die Erde niederzulegen, damit der Mensch leichter ihre Rücken und Höcker besteige – Die Laubholz-Waldungen waren wie Kränze bei einem Jubelfest der Natur umhergeworfen, und die einsinkende Sonne glimmte oft hinter der durchbrochnen Arbeit eines Laubgeländers auf einem verlängerten Hügel wie ein Purpurapfel in einer durchbrochnen Fruchtschale – In der einen Vertiefung wünschte man den Mittagschlaf zu genießen, in einer andern das Frühstück, an jenem Bache den Mond, wenn er im Zenith stand, hinter diesen Bäumen ihn, wenn er erst aufging, unten an jener Anhöhe vor *Streitberg* die Sonne, wenn sie in ein grünes Gitterbette von Bäumen steigt.

Da er den Tag darauf schon mittags nach *Streitberg* kam, wo man alle jene genannte Dinge auf einmal erleben wollte: so hätt' er recht gut – er mußte denn kein so flinker Fußgänger sein als sein Lebenbeschreiber – noch gegen Abend die Baireuther Turmknöpfe das Rot der Abend-Aurora auflegen sehn können; aber er wollte nicht, er sagte zu sich: »Ich wäre dumm, wenn ich so hundmüde und ausgetrocknet die erste Stunde der schönsten Wiedererkennung anfinge und so mich und ihn (Leibgebern) um allen Schlaf und am Ende um das halbe Vergnügen (denn wie viel könnten wir heute noch reden?) brächte. Nein, lieber morgen früh um 6 Uhr, damit wir doch einen ganzen langen Tag zu unserem tausendjährigen Reiche vor uns haben.«

Er übernachtete daher in Fantaisie, einem artistischen Lust- und Rosen- und Blütental, eine halbe Meile von Baireuth. Es wird mir schwer, das papierne Modell, das ich von diesem Seifersdorfer Miniatur-Tal hier aufzustellen vermöchte, so lange zurückzutun, bis ich einen geräumigern Platz vorfinde; aber es muß sein, und bekomm' ich keinen, so steht mir allemal noch hinten vor dem Buchbinderblatte dazu ein breiter offen.

Firmian ging neben Fledermäusen und Maikäfern – dem Vortrab und den Vorposten eines blauen Tages – und hinter den Baireuthern, die ihren Sonntag und ihre Himmelfahrt beschlossen – es war der 7te Mai – und zwar so spät, daß das erste Mondviertel recht deutlich alle Blüten und Zweige auf der grünen Grundierung silhouettieren konnte – – also so spät ging er noch auf eine Anhöhe, von der er auf das von der Brautnacht des Frühlings sanft überdeckte und mit Lunens Funken gestickte Baireuth, in welchem der geliebte Bruder seines Ichs verweilte und an ihn dachte, tränen- und freudentrunkne Blicke werfen konnte . . . Ich kann in seinem Namen es mit »Wahrlich« beteuern, daß er beinahe mir nachgeschlagen wäre: ich hätte nämlich mit einem solchen warmquellenden Herzen, in einer solchen von Gold und Silber und Azur zugleich geschmückten Nacht vor allen Dingen einen Sprung getan in den Gasthof zur Sonne, an meines unvergeßlichen Freundes Leibgebers Herz.   Aus: Siebenkäs

FRIEDERIKE KEMPNER
FRÜHLINGSLÜFTE WEHEN LEISE

Frühlingslüfte wehen leise,
Traurig ist das Herz,
In der unbewußten Weise,
Doch verwandt dem Schmerz.

Bunte Schmetterlinge fliegen
Zu den Blüthen auf,
Nächst der Blüthe kriecht das Würmlein,
Lauert schon darauf! –

Ist auch schön die Außenseite,
Inn'res ist nicht – süß:
In der Welten Länge und Breite
»Bitter« – man es hieß!

KURT TUCHOLSKY
FRÜHLING IM HOCHGEBIRGE

»Die Blonden sind sehr kalte Leute,
Die Liebe macht sie niemals heiß.
Was sonst die Damen so erfreute,
das läßt sie kalt. Sie sind von Eis.«

So spricht mein kluges Kind. – Indessen
ich glaube nicht, was sie da meint.

Man will und kann es nicht vergessen:
wie ists denn, wenn die Sonne scheint?

Im Schatten liegen Gletscherspalten
dumpf, finster und unnahbar da.
Man friert im Mark. In jene kalten
und frostigen Höhlen niemand sah.

Man friert im Mark . . . Da blasen Winde
die Wolken fort, die Sonne ruft –
leis tropft es schon, geschwind, geschwinde –
am Gletscher weht ein warmer Duft.

Ein warmer Duft aus andern Landen –
Es taut. Es schmilzt mit einem Mal:
Und was so lange widerstanden,
das schäumt als Quelle nun zu Tal. –

ERICH KÄSTNER
ZUR FOTOGRAFIE EINES KONFIRMANDEN

Da steht er nun, als Mann verkleidet,
und kommt sich nicht geheuer vor.
Fast sieht er aus, als ob er leidet.
Er ahnt vielleicht, was er verlor.

Er trägt die erste lange Hose.
Er spürt das erste steife Hemd.
Er macht die erste falsche Pose.
Zum ersten Mal ist er sich fremd.

Er hört sein Herz mit Hämmern pochen.
Er steht und fühlt, daß gar nichts sitzt.
Die Zukunft liegt ihm in den Knochen.
Er sieht so aus, als hätt's geblitzt.

Womöglich kann man noch genauer
erklären, was den Jungen quält:
Die Kindheit starb; nun trägt er Trauer
und hat den Anzug schwarz gewählt.

Er steht dazwischen und daneben.
Er ist nicht groß. Er ist nicht klein.
Was nun beginnt, nennt man das Leben.
Und morgen früh tritt er hinein.

EUGEN ROTH

BAYERISCHES LAND

Der Frühlingshimmel hängt übern Zaun
Ein weißblau gewürfeltes Bauernbett.
Alter Filzschuh, vertreten, faserbraun
Steht der Torfstich. Ein morsches Brett
Wackelt über den schwarzen Tümpel.
Drin blühen Dotterblumen, drallgrün, gelbfett
Neben zerbrochnem Geschirr und Gerümpel.

Die Benediktenwand schwimmt karpfenblau
Hochbucklig über dem Wälderspiegel.
Ein Hügel, noch unbegrünt und fichtenrauh,
Rollt sich zusammen, ein listiger Igel.
Am Dorfrand arbeiten Maurer am Bau.

Rot glänzen mitten im Vorfrühlingsgrau
Im Abendlichte die frischen Ziegel.

Im mürben Gärtlein bewacht ein Spitz
Lautkläffend die ersten Aurikeln.
Hoch in des Kirchturmknaufs Funkelblitz
Nahm sich den goldenen Gockelhahn
Der zugereiste Star zum Sitz.
Der läßt wie betrunken jetzt himmelan
Die süßen Töne prickeln.

JOACHIM RINGELNATZ
FRÜHLING HINTER BAD NAUHEIM

Zwei Eier, ein Brötchen, ein Hut und ein Hund –.
Am Himmel die weiße Watte,
Die ausgezupft
Den Himmel ohne Hintergrund
So ungebildet übertupft,
Erzählt mir, was ich hatte.

Erzählt mir, was ich war.
Ich hatte, was ich habe.
Aber was weiß ich, was ich bin?!
Genau so dumm und vierzig Jahr?

Ich fliege, ein krächzender Rabe,
Über mich selber hin.
Ich bin zum Glück nicht sehr gesund
Und – Gott sei Dank –
Auch nicht sehr krank.

Der Wind entführt mir meinen Hund.
Die Eier, der Kognak, das Brötchen
Schmecken heute besonders gut:
Und siehe da: mein alter Hut
Macht Männchen und gibt Pfötchen.

MASCHA KALÉKO
SOZUSAGEN EIN MAILIED

Manchmal, mitten in jenen Nächten,
Die ein jeglicher von uns kennt,
Wartend auf den Schlaf des Gerechten,
Wie man ihn seltsamerweise nennt,
Denke ich an den Rhein und die Elbe,
Und kleiner, aber meiner, die Spree.
Und immer wieder ist es dasselbe:
Das Denken tut verteufelt weh.

Manchmal, mitten im freien Manhattan,
Unterwegs auf der Jagd nach dem Glück,
Hör ich auf einmal das Rasseln der Ketten.
Und das bringt mich wieder auf Preußen zurück.
Ob dort die Vögel zu singen wagen?
Gibt's das noch: Werder im Blütenschnee . . .
Wie mag die Havel das alles ertragen,
Und was sagt der alte Grunewaldsee?

Manchmal, angesichts neuer Bekanntschaft
Mit üppiger Flora, – glad to see –
Sehnt sichs in mir nach magerer Landschaft,
Sandiger Kiefer, weißnichtwie.

Was wissen Primeln und Geranien
Von Rassenkunde und Medizin . . .
Ob Ecke Uhland die Kastanien
Wohl blühn?

Der Trapezkünstler Heinrich B., reisender
   Akrobat und Schausteller, zog im letzten September
mit seiner Frau, seinem Bruder und zwei
   schulpflichtigen Kindern in die
Vorstadt von S. Fünfzig Plakate, keins größer
   als eine Zeitung, kündigten an: Heinrich B. –
den Menschen des Himmels.

Die erste Vorstellung
   war angezeigt auf einen Sonntag. Der Ort: ein
Ruinengrundstück. Die Arbeit am Seil, im Höhepunkt
   der Handstand auf gestapelten
Stühlen, wurde begutachtet von vier
   Personen: von der Frau, vom
Bruder und zwei schulpflichtigen Kindern
   des Trapezkünstlers Heinrich B. Andere Besucher
waren nicht gekommen.

Jetzt im Frühjahr
   entdecke ich eins der Plakate
am Eingang zur Kohlenhalde. Nicht größer
   als eine Zeitung, hat es den Winter überstanden
mit der Vorschau auf den Menschen des Himmels.

～～～～

Von den Lebensgewohnheiten einer Katze hege ich ganz die landläufigen Vorstellungen. Obwohl seit einigen Monaten ein prächtiges Exemplar der Gattung mein Hauswesen ziert, in unwahrscheinlich kurzer Zeit vom zierlichen Kätzchen zum majestätischen Kater geworden, würde ich doch aus eigener Beobachtung nur bestätigen können, was im Schulbuch steht. Sie trinkt Milch. Sie ist reinlich. Sie läßt das Mausen nicht, und von Mäusen ist man befreit, so lang sie bei Kräften ist. Gelegentlich stiehlt sie den Sonntagsbraten, auf den man sich am meisten gefreut hat. Sie ist von vollendeter Anmut in ihren Bewegungen, und unübertrefflich in der Ökonomie, die sie in der Ruhe mit ihrem je nach Laune und Temperatur eingerollten oder wollüstig gespreizten Körper betreibt. In der Ruhe möchte ich wohl eine Katze sein. Als Entdeckung könnte ich höchstens hinzufügen, daß sie in einem noch viel größeren Grade Haustier ist, als man meint. Sie schätzt zwar die Ungebundenheit und kommt zu den erdenklichsten Stunden durchs Fenster, über den Balkon und vom Speicher zu uns zurück, wobei sie sich die Miene gibt, als sei sie auf unendlich weiten Abenteuerfahrten gewesen. In Wahrheit aber sind alle diese Ausflüge dem Haus und dem Grundstück zugedacht; das Streunen reicht nicht sehr weit.

Auf der anderen Seite habe ich mich oft gefragt, was aus den vielen Maikäfern wird. Maikäfer sind eine Landplage; nicht nur für den Landmann, dessen Obstbäume sie heimsuchen, sondern für den ganz gewöhnlichen Mitmenschen. Ich kann mich an Abendspaziergänge erinnern, die buch-

stäblich zunichte gemacht wurden vom Hagel dieser dick-
lich-pappigen, wie aus ungeschickten Kanonen abge-
feuerten Projektile. Sie klatschen einem ins Gesicht, sie
klatschten – hatte man den Eindruck – in ihrer Unge-
schicklichkeit gegeneinander, und in den Tagen danach
häufte sich am Strand unseres Sees ein Rand von verwe-
senden Maikäferleichen und verpestete die Gegend mit
einem süßlich-leimigen Geruch. Wer frißt die Maikäfer?,
dachte ich. Wer frißt sie in den normalen Jahren, in denen
sie nicht gar zu häufig auftreten? Die Vögel. Nun ja, die
Vögel. Gar zu appetitlich kann es auch für einen Vogel
nicht sein, einen Maikäfer zu fressen. Die Unverdaulich-
keit ist diesem Tier geradezu an die Stirn geschrieben.
Schon den tastenden Händen widersteht das Klebrige des
Panzers und die Ungestalt der Beine und Fühler, die
bemerkenswerterweise auch von der Süßigkeiten-Indu-
strie bei dem Schokoladen-Maikäfer unverdaulich, nämlich aus geleimtem Papier, hergestellt werden. Wer also
möchte Maikäfer fressen?

Seit neulich weiß ich, daß auch die Katze es tut. Es war
an einem milden Abend; ich saß auf dem Balkon und hatte
die Tischlampe eben ins Zimmer zurückgeschoben und
der Einfachheit halber auf den Fußboden gestellt, als es
dort »klatsch« machte. Ein Maikäfer war auf das Licht
zugeprallt, hatte Kobolz geschossen und lag nun auf dem
Rücken. In dieser Situation ist er ja sprichwörtlich: er
vermag sich tatsächlich nicht aufzurichten und hangelt
verzweifelt mit den Beinen um sich, um einen Halt zu
finden, von dem er sich abstoßen und wieder ins Lot
kommen könnte. Alles Schnurrende nun und alles Zap-
pelnde zieht unsere Katze magisch an. Schon stand sie da,
aus dem Dunkel aufgetaucht, und bestaunte das Wunder.
Es schien ihr eher unheimlich; nur zaghaft versetzte sie
dem Ding ab und zu einen leichten Schubs mit der Tatze,

worauf es stärker schnurrte und verzweifelter ruderte. Mir fiel auf, daß die Katze das Spiel nicht in regelmäßigem Crescendo betrieb. In einer Art intellektueller Überlegenheit zog sie sich vielmehr zeitweilig vom Schauplatz zurück, lullte den törichten Strampler in Sicherheit und kehrte zur rechten Zeit wieder, um ihm einen neuen Streich zu versetzen.

Bei einem solchen Schubs flog der Maikäfer unters Büchergestell, was seine Rettung hätte bedeuten können. Da dem Dummen jedoch alles dumm hinausgeht, war er gleichzeitig in die so lang erwünschte Normallage gefallen und krabbelte in seiner Torheit alsbald wieder aufs Licht zu. Der Schluß der Tragödie ist vorauszusehen: Die Katze war zur Stelle, und nun spielte sich alles ab, wie es mir vom Umgang der Katze mit den Mäusen schon geläufig war. Da ein Tatzenhieb und da noch einer, sanft anzusehen, aber doch tödlich; wenn das Ding still liegt, ein Zupacken mit dem Maul, ein Einspeicheln und Wiederausspucken, da es sich noch regt. Und nun wieder ein Hieb. Nun rührt es sich nicht mehr. Jeder Tatzenhieb setzt es nur noch in eine hohl kreiselnde Bewegung, wie sie den toten Dingen eigentümlich ist, in denen kein Wille, kein Widerstand, kein lockendes Leben mehr umgeht. Und nun kommt der Augenblick, wo man der Katze ansieht: Sie hätte das Ding gern wieder lebendig.

Scham darüber sowie der jede Katze auszeichnende Realismus nötigt sie, mit dem Ding aufzuräumen. So griff sie also zu, kriegte den Maikäfer ins Maul, tat einen Schluck wie mit schauderndem Adamsapfel – und weg war er. Den Bruchteil einer Sekunde malte sich um ihr Schnäuzchen der Ausdruck des Widerwillens. Dann entwich sie ins Dunkel und ließ mich um eine Erfahrung reicher.

~~~~~~

Vor zwei Monaten – wir saßen gerade beim Frühstück – kam ein Brief von meinem Vetter Eduard. Mein Vetter Eduard hatte an einem Frühlingsabend vor zwölf Jahren das Haus verlassen, um einen Brief einzustecken, und war nicht zurückgekehrt. Seitdem hatte niemand etwas von ihm gehört. Der Brief kam aus Sidney in Australien. Ich öffnete ihn und las:

Lieber Paul!

Könntest Du mir meinen hellgrauen Frühjahrsmantel nachschicken? Ich kann ihn nämlich brauchen. In der linken Tasche ist ein »Taschenbuch für Pilzsammler«. Das kannst Du herausnehmen. Eßbare Pilze gibt es hier nicht. Im voraus vielen Dank.

Herzlichst Dein Eduard.

Ich sagte zu meiner Frau: »Ich habe einen Brief von meinem Vetter Eduard aus Australien bekommen.« Sie war gerade dabei, den Tauchsieder in die Blumenvase zu stecken, um Eier darin zu kochen, und fragte: »So, was schreibt er?«

»Daß er seinen hellgrauen Mantel braucht und daß es in Australien keine eßbaren Pilze gibt.« – »Dann soll er doch etwas anderes essen.« – »Da hast du recht«, sagte ich, obwohl es sich eigentlich darum nicht gehandelt hatte.

Später kam der Klavierstimmer. Es war ein etwas schüchterner und zerstreuter Mann, aber er war sehr nett, ich kannte ihn. Er stimmte nicht nur Klaviere, sondern reparierte auch Saiteninstrumente und erteilte Blockflötenunterricht. Er hieß Kolhaas. Als ich aufstand, hörte ich ihn schon im Nebenzimmer Akkorde anschlagen.

In der Garderobe sah ich den hellgrauen Mantel hängen. Meine Frau hatte ihn also schon vom Speicher geholt. Ich packte ihn sorgfältig ein, trug das Paket zur Post und schickte es ab. Mir fiel ein, daß ich vergessen hatte, das Pilzbuch herauszunehmen.

Ich ging noch etwas spazieren, und als ich nach Hause kam, irrten der Klavierstimmer und meine Frau in der Wohnung umher und schauten in die Schränke und unter die Tische.

»Kann ich irgendwie helfen?« fragte ich.

»Wir suchen Herrn Kolhaas' Mantel«, sagte meine Frau. »Ach so«, sagte ich, »den habe ich eben nach Australien geschickt.« »Warum nach Australien?« fragte meine Frau. »Aus Versehen«, sagte ich. »Dann will ich nicht weiter stören«, sagte Herr Kolhaas etwas betreten und wollte sich entschuldigen, aber ich sagte: »Warten Sie, Sie können den Mantel von meinem Vetter bekommen.«

Ich ging auf den Speicher und fand dort in einem verstaubten Koffer den hellgrauen Mantel meines Vetters. Er war etwas zerknittert – schließlich hatte er zwölf Jahre im Koffer gelegen – aber sonst in gutem Zustand.

Meine Frau bügelte ihn noch etwas auf, während ich mit Herrn Kolhaas eine Partie Domino spielte. Dann zog Herr Kolhaas ihn an, verabschiedete sich und ging.

Wenige Tage später erhielten wir ein Paket. Darin waren Steinpilze. Auf den Pilzen lagen zwei Briefe. Ich öffnete den einen und las:

Sehr geehrter Herr!

Da Sie so liebenswürdig waren, mir ein »Taschenbuch für Pilzsammler« in die Tasche zu stecken, möchte ich Ihnen als Dank das Resultat meiner ersten Pilzsuche zuschicken und hoffe, daß es Ihnen schmecken wird. Außerdem fand ich in der anderen Tasche einen Brief, den Sie mir wohl irrtümlich mitgegeben haben. Ich schicke ihn hiermit zurück.

Ergebenst Ihr A. M. Kolhaas.

Der Brief, um den es sich hier handelte, war also wohl der, den mein Vetter damals in den Kasten stecken wollte. Offenbar hatte er ihn dann zu Hause vergessen. Er war an Herrn Bernhard Hase gerichtet, der, wie ich mich erinnerte, ein Freund meines Vetters gewesen war. Ich öffnete den Umschlag. Eine Theaterkarte und ein Zettel fielen heraus. Auf dem Zettel stand:

Lieber Bernhard!

Ich schicke Dir eine Karte zu »Tannhäuser« nächsten Montag, von der ich keinen Gebrauch machen werde, da ich verreisen möchte, um ein wenig auszuspannen. Vielleicht hast Du Lust, hinzugehen.

Herzliche Grüße, Dein Eduard.

Zum Mittagessen gab es Steinpilze. »Die Pilze habe ich hier auf dem Tisch gefunden. Wo kommen sie eigentlich her?« fragte meine Frau. »Herr Kolhaas hat sie geschickt.« »Wie nett von ihm. Übrigens habe ich auch eine Theaterkarte gefunden. Was wird denn gespielt?«

»Die Karte, die du gefunden hast«, sagte ich, »ist zu einer Aufführung von ›Tannhäuser‹, aber die war vor zwölf Jahren.« »Na ja«, sagte meine Frau, »zu ›Tannhäuser‹ hätte ich sowieso keine Lust gehabt.«

Heute morgen kam wieder ein Brief von Eduard mit der Bitte, ihm eine Tenorblockflöte zu schicken. Er habe nämlich in dem Mantel (der übrigens länger geworden sei) ein Buch zur Erlernung des Blockflötenspiels gefunden und gedenke, davon Gebrauch zu machen. Aber Blockflöten seien in Australien nicht erhältlich.

»Wieder ein Brief von Eduard«, sagte ich zu meiner Frau. Sie war gerade dabei, die Kaffeemühle auseinanderzunehmen und fragte: »Was schreibt er?« – »Daß es in Australien keine Blockflöten gibt.« – »Dann soll er doch ein anderes Instrument lernen« sagte sie. »Das finde ich auch«, meinte ich.

Sie kennt eben keine Probleme.

WALTER BENJAMIN
DER ENTHÜLLTE OSTERHASE
ODER
KLEINE VERSTECK-LEHRE

Verstecken heißt: Spuren hinterlassen. Aber unsichtbare. Es ist die Kunst der leichten Hand. Rastelli konnte Sachen in der Luft verstecken.

Je luftiger ein Versteck, desto geistreicher. Je freier es dem Blick nach allen Seiten preisgegeben, desto besser.

Also beileibe nichts in Schubladen, Schränke, unter die Betten oder ins Klavier stecken.

Fairneß am Ostermorgen: Alles so zu verstecken, daß es entdeckt werden kann, ohne daß irgendein Gegenstand vom Fleck bewegt werden muß.

Es braucht darum nicht frei zu liegen: eine Falte in der Tischdecke, ein Bausch im Vorhang kann schon den Ort verraten, an dem man zu suchen hat.

Sie kennen Poes Geschichte vom »Entwendeten Brief«? Dann erinnern Sie sich sicher der Frage: »Haben Sie nicht bemerkt, daß alle Menschen, wenn sie einen Brief verstecken, ihn, wenn auch nicht gerade in ein ausgehöhltes Stuhlbein, so doch wenigstens in irgend einem verborgenen Loch oder Winkel unterbringen?« Herr Dupin, Poes Detektiv, weiß das. Und darum findet er den Brief da, wo sein sehr gerissener Gegenspieler ihn aufbewahrt: nämlich im Kartenhalter an der Wand, vor aller Leute Augen.

Nicht in der »guten Stube« suchen lassen. Ostereier gehören ins Wohnzimmer, und je unaufgeräumter es ist, desto besser.

Im achtzehnten Jahrhundert hat man gelehrte Abhandlungen über die seltsamsten Dinge geschrieben: über Findelkinder und Spukhäuser, über die Arten des Selbstmordes und die Bauchrednerei. Ich könnte mir eine übers Eierverstecken ausdenken, die es an Gelehrsamkeit mit den genannten aufnehmen könnte.

Sie würde zerfallen in drei Hauptstücke oder Kapitel. Darinnen würde der Leser bekanntgemacht mit den drei Urprinzipien oder Anfangsgründen aller Verstecke-Kunst.

Ad eins: Das Prinzipium der Klammer. Das wäre die Anweisung zur Ausnutzung von Fugen und Spalten. Der Unterricht in der Kunst, Eier in der Schwebe zu halten zwischen Riegeln und Klinken, zwischen Bild und Wand, zwischen Tür und Angel, in der Öffnung eines Schlüssels so gut wie zwischen den Röhren einer Zentralheizung.

Ad zwei: Das Prinzipium der Füllung. In diesem Kapitel würde man lernen, Eier als Pfropfen auf den Flaschenhals, als Lichter auf den Kerzenhalter, als Staubgefäß in einen Blumenkelch, als Birne in eine elektrische Lampe zu praktizieren.

Ad drei: Das Prinzipium der Höhe und Tiefe. Bekanntlich fassen die Leute zuerst ins Auge, was ihnen in Blickhöhe gegenüber ist; dann schauen sie nach oben, erst ganz zuletzt kümmern sie sich um das, was zu ihren Füßen liegt. Kleine Eier kann man auf Bildleisten balancieren lassen, größere auf dem Kronleuchter, wenn man ihn noch nicht abgeschafft hat. Aber was hat das alles zu sagen im Vergleich mit der Fülle von abgefeimten Asylen, die wir fünf oder zehn Zentimeter überm Fußboden zur Verfügung haben. Da kommt in Gestalt von Tischfüßen, Sockeln, Teppichfransen, Papierkörben, Klavierpedalen das Gras, in das der echte Osterhase allein seine Eier legt, sozusagen in der Großstadtwohnung zu Ehren.

Und da wir einmal bei der Großstadt sind, soll auch ein Trostwort für die noch dastehen, die zwischen spiegelglatten Wänden in stählernen Möbeln hausen und ihr Dasein, ganz ohne Rücksicht auf den Festkalender, rationalisiert haben. Die mögen sich ihr Grammophon oder ihre Schreibmaschine nur einmal aufmerksam angucken, dann werden sie sehen, daß sie auf kleinstem Raum an ihnen soviel Löcher und Verstecke haben als bewohnten sie eine Siebenzimmerwohnung im Makartstil.

Und nun wäre es gut, diese gewitzte Liste den Kleinen nicht vor Ostermontag in die Hände fallen zu lassen.

EUGEN SKASA-WEISS
VOM EHRGEIZ
ÄLTERER OSTERHASEN

Als unsere Jungen Bübchen waren, stellten wir ein Eierkörbchen mit einem Biskuitlämmchen neben eine Hyazinthe und riefen mit wundergläubiger Flüsterstimme: »Schaut mal, dort drüben – hat der Osterhase da nicht etwas liegengelassen? Vielleicht für euch?«

Je erwachsener die Buben wurden, desto unverkennbarer wandelte sich das Wundergläubige in ihnen in trüffel-schweinerne Sensationsbegierde. Einer nach dem ande-ren machte die schlichten Einfälle unseres Osterhasen despektierlich herunter. Als Vater mußte ich mir sagen lassen, daß die Osterhasen anderer Eltern ihre Eier inter-essanter zu legen verstanden und als Meister des Ver-steckens Erstaunliches leisteten. Derlei hatten sie in der Schule erfahren.

Nach dieser Kritik ging unser Osterhase in sich, um dramatisch aus sich herauszugehen. Seine vormals tiefinner-liche Kunst, mit einem symbolischen Lamm und eini-gen Eiern auf das Fest der Auferstehung hinzuweisen, verlor von Jahr zu Jahr an Gehalt und nahm an Sportlich-keit zu.

Als die Jungen auf die Schwelle der Flegeljahre zu-schritten, zog der Osterhase die Konsequenz. Seine Ver-steckideen verfielen mit den Manieren der Beschenk-ten. Er nagelte Schokoladetafeln unter die Tischplatte und versteckte gefärbte Eier in die Kugellampe der Toi-lette. »Wollen doch mal sehen«, sagte er mit ebenso intri-gant wie väterlich verschränkten Pfoten, »ob die Herren Lausbuben mit ihren durchtriebenen Instinkten solchen Verstecken gewachsen sind.«

Allmählich entwickelte sich der Osterhase zum hochbe-gabten Regisseur des Chaos. Seine heidnischen Versteck-spiele hinterließen durchwühlte Aschenkästen, umge-stürzte Sessel, zwischen deren Drahtgeflechten sechshändig zerdrückte Marzipanküken klebten, und herabgestürzte Gardinenstangen, hinter denen es silbern geflimmert hatte.

Eine seiner besten Ideen war ein ins Katzenkistchen gewühltes Stanniolküken, das blitzend aus dem frischen Torf fuhr, als die Katze es befremdet hochscharrte. Dieses Ei wurde angewidert bejubelt und der Osterhase hart getadelt, als sie das Stanniol herunterfetzte und ein nacktes Nougatküken unter den Eisschrank jagte.

Ehrgeiz und Starübermut zerfraßen den Osterhasen in mir so sehr, daß jedes Osterfest bei uns von familiären Alptraumpsychosen eingeleitet und beendet wurde. Vier Wochen vor Ostern durchstreifte ich alle Räume und erforschte für den Osterhasen noch nie dagewesene Verstecke. Diese Verstecke durften a) nicht konventionell, b) nicht auffindbar sein und mußten c) die Überlegenheit der alten Osterhasengeneration über die jüngste schlagend beweisen. Auf diese Weise wurden die lernbegierigen Jungen geradezu süchtig, Eier zu finden und die Zimmer auseinanderzunehmen. Verzweiflungsausbrüche, die von Vatermordgedanken angeheizt wurden, wechselten mit zornigen Entdeckerfreuden. Ostern war für mich die Zeit, dem Zorn der jungen Männer einen festen Grund zu geben.

Wo, sagten sie sich als ausgewachsene Männer, wird soviel österliche Hetze im Leben noch einmal geboten?

Bei uns, wenn wir mal selber Jungen haben, um keinen Preis. Man sieht zu genau, wohin das führt; die Teppiche hochgerollt, die Wanduhr zerlegt, weil es hinter dem Zifferblatt deutlich nach Kokosei roch, der Zweitälteste zerbeult und sauer, weil er ein aufgespürtes Eiernest mit seinen Brüdern teilen sollte. Der Jüngste verheult, weil aus seinem Fahrradsattel hellgelber Dotter floß, die Bücher aus den Regalen gezerrt, weil sich im Vorjahr hinter Gottfried Kellers »Grünem Heinrich« ein Krokanthase versteckt hatte. Die Hausfrau wie eine fauchende Wildkatze und der Friede bis Pfingsten demoliert – nein, einen solchen Rummel veranstalten wir später nicht, wir sind ja keine Narren. Aber solange sie bis zur heiligen Osterzeit das Elternhaus erreichen konnten, fuhren sie über Strecken von 800 Kilometern nach Hause, um die Hybris des Osterhasen auch im achten Semester noch zu erleben.

Theaterkenner wissen, daß in den mittelalterlichen Osterspielen eines Tages die unwürdige Figur eines Salbenkrämers auftrat, der den beiden Marien mit seinem Feilschen nicht wenig zu schaffen machte. Dieser Bursche riß die heilige Osterhandlung unnachsichtig an sich. Schlimmer noch – eines Tages steigerten Petrus und Johannes ihren Gang zum Grabe in einer Weise, daß die entzückte Liturgiekritik von Mund zu Mund kolportieren konnte: »Petrus stellte dem Johannes erfolgreich ein Bein, was brausende Beifallstürme nach sich zog.« So konnte es nicht weitergehen. »Marsch, hinaus auf den Marktplatz, wo ihr hingehört, ihr Buben!« rief die empörte Geistlichkeit, womit die Geburt des Festspiel-Theaters aus der Osterliturgie vollzogen war.

Das Haus begann Jahr für Jahr mehr von seiner wochenfüllenden Abseitigkeit unseres Osterhasen zu zittern; sein Publikum suchte ihn an Schurkerei zu überteufeln, seine Bedenkenlosigkeit in der Wahl der Verstecke wurde kriminell.

Aber wie zwielichtig doch der Mensch beschaffen ist: die Jungen haben an diesem destruktiven Osterhasen mit einem Kinderglauben festgehalten, der sie weit über das zweite Lebensjahrzehnt begleitete. Dann waren die Verstecke erschöpft, weit früher als ihr Interesse, versteckte Eier aufzustöbern. Der Osterhase steht jetzt vor der Frage, soll er anbauen, um weitere Verstecke zu ermöglichen, oder soll er die Premieren der alten Verstecke für die Enkel einfach wiederholen?

JOACHIM RINGELNATZ
RÄTSELHAFTES OSTERMÄRCHEN

nur mit Ei und Eier aufzulösen

Der FrackverlOher HOnrich OstermOO kehrte am ersten OsterfOOtage sehr betrunken hOm. SOne Frau, One wohlbelObte, klOne Dame, betrieb in der KlOststraße Onen OOhandel. Sie empfing HOnrich mit den Worten: »O O, mOn Lieber!« DabO drohte sie ihm lächelnd mit dem Finger. Herr OstermOO sagte: »Ich schwöre Onen hOligen Od, daß ich nur ganz lOcht angehOtert bin. Ich war bO Oner WOhnachtsfOO des VerOns FrOgOstiger FrackverlOher. Dort hat Ones der Mitglieder anläßlich der Konfirmation sOner Tochter One Maibowle spendiert, und da habe ich denn sehr viel RhOnwOn auf das Wohl des verehrten JubelgrOses trinken müssen, wOl man ja nicht alle Tage zwOundneunzig Jahre alt wird.« Frau OstermOO schenkte diesen Beteuerungen kOnen Glauben, sondern sagte nochmals: »O O, mOn Lieber!« Worauf ihr PapagO die ersten zwO Worte »O O« wohl drOßigmal laut wiederholte. Über das GeschrO des PapagOs geriet HOnrich in solche Wut, daß er On BOl ergriff und sämtliche OOOO zerschlug. Frau OstermOO wurde krOdeblOch und lief, triefend von Ogelb, zur PolizO. Ihr Mann aber ließ sich erschöpft auf Onen Stuhl nieder und wOnte lOse vor sich hin. Bis ihm der PapagO von oben herab On OsterO in den Schoß warf. Da war alles vorbO.

FRÜHLINGSVORMITTAG

Für Mary

~~~~~~~~

Natürlich kommst du erst einmal ein Viertelstündchen zu spät – und dann mußt du lachen, wie du mich da so an der Uhr stehen siehst, und dann sagst du: »Die Uhr geht überhaupt falsch!« Uhren, an denen sich Liebespaare verabreden, gehen immer falsch. Und dann gondeln wir los.

Das ist ein zauberischer Vormittag. Du trägst ein weich gefaltetes, weites Kleid, ganz hell, was dich noch blonder macht, einen kleinen Trotteur, wie ich ihn gern habe, und deine langen, zarten Wildlederhandschuhe; du duftest ganz zart nach irgendetwas, was du als Lavendel ausgibst – und was das Verzaubertste an diesem hellen Tage ist –: wir sprechen nicht ein einziges Mal von Zahlen. Es ist ganz merkwürdig und unberlinisch. Leider: ganz undeutsch.

Du sprichst von Kurland. Wie sich auf dem lettischen Bahnhof Männlein und Weiblein und Kindlein einträchtig in der Nase bohrten, der ganze Bahnhof bohrte in der Nase: Gendarmen, Bauern, Schaffner und Lokomotivführer. Ich finde, daß das dem Nachdenken sehr förderlich sei, und das willst du wieder nicht glauben. Doch. Der Ausdruck: »in der Nase grübeln . . .« Weiter. Und dann erzählst du von den langen, langen Spaziergängen, die man in Kurland machen kann – und mir wird das Herz weit, wenn ich an das schönste Land denke, das wir beide kennen: Gottes propprer Protzprospekt für ein unglücklicherweise nicht geliefertes Deutschland.

Und dann gehen wir an kleinen Teichen vorbei, an einem steht seltsamerweise nicht einmal eine Tafel mit:

Verboten – und wir wundern uns sehr. Und du patschst mit deinen neuen Lackhalbschuhen (du freundliche Mühlenaktie!) in einen Tümpel, und ich bin an allem schuld – und überhaupt. Aber dann ist das vorbei . . .

Und in deinen Augen spiegelt sich der helle Frühlingstag, du siehst so fröhlich aus, und ich muß immer wieder darauf gucken, wie du dich bewegst. Und wieder sprechen wir von Rußland und von deiner Heimat. Was ist es, das dich so bezaubernd macht –?

Du bist unbefangen.

Und ich will dir mal was sagen:

Bei uns tun die feinen Leute alles so, wie es in ihren Zeitschriften drin steht – und immer sehen sie sich fotografiert, fein mit Ei und durchaus ›richtig‹. Ihr überlegt gar nicht so viel. Ihr seid hübsch, und damit gut. Und ihr geht, schreitet, lacht, fahrt und trinkt so, wie es euch eure kleine Seele eingegeben hat – ohne darüber nachzudenken, wie das wohl ›aussieht‹. Aber ihr fühlt immer, wie es aussieht – und ihr wollt immer, daß es hübsch aussehen soll. Und nichts ist euch unwichtig, und alles erheblich genug, um es mit Freude zu tun. Der Weg ist das Ziel.

Aber da hält ein Auto, darinnen sitzt Herr Kolonialwarenhändler Mehlhake (A.-G. für den Vertrieb von Mehlhakeschen Präparaten – »Wissen Se, schon wejen der Steuer!«), und so sieht auch alles aus: Frau Mehlhake ist so schrecklich richtig angezogen, daß wir aus dem Lachen und sie aus der feinsten Lederjacke nicht herauskommt, die kleinen Mehlhakes haben alle Automobilbrillen und schmutzige Fingernägel – und das Auto kostet heute mindestens seine . . .

Aber wir wollten ja nicht von Zahlen sprechen an diesem Frühlingsvormittag.

Das Auto staubt davon. Wir gehen weiter, wir Wilden, wir bessern Menschen.

Denn mit dem Stil ist das wie mit so vielen Dingen: man hat ihn, oder man hat ihn nicht.

VICTOR AUBERTIN
JAPANISCHE NOVELLE

Der junge Mikoko ging mit seiner Freundin Makika in den Frühlingswald. Der Flieder blühte und die Nachtigall sang.

»Jetzt müßte noch der Kuckuck rufen«, sagte die Freundin Makika.

»Wenn der Kuckuck ruft«, antwortete der junge Mikoko, »will ich ihn fragen, in welchem Jahre ich sterben werde.«

Und der Kuckuck fing an und rief zweimal.

»Ich werde schon im nächsten Jahre sterben«, sagte der junge Mikoko.

»Wenn der Kuckuck noch einmal ruft«, sagte seine Freundin Makika, »will ich ihn fragen, wieviel Kinder ich bekommen werde.«

Und der Kuckuck fing wieder an und rief siebenundzwanzigmal.

»Hei«, rief Makika, »ich werde siebenundzwanzig Kinder bekommen, das ist ganz vorzüglich. Ich werde gesegnet sein unter den gesegneten Müttern Nippons.«

Aber der junge Mikoko rechnete aus, daß, wenn er selbst schon im nächsten Jahr stürbe, unter den siebenundzwanzig Kindern Makikas nur zwei oder beim besten Willen nur drei von ihm, die übrigen fünfundzwanzig beziehungsweise vierundzwanzig hingegen von einem anderen herrühren müßten.

Da wurde er sehr traurig.

Und er setzte sich abseits hinter den blühenden Flieder-
busch und schnitt sich, wie das bekanntlich in Japan
üblich ist, den Bauch auf.

JOSEPH ROTH

KONZERT IM VOLKSGARTEN

Das Konzert im Volksgarten begann um fünf Uhr nachmittags. Es war Frühling, die Amseln flöteten noch in den
Sträuchern und auf den Beeten. Die Militärkapelle saß
hinter dem eisernen, an den Spitzen vergoldeten Gitter,
das die Terrasse des Restaurants von der Allee des Gartens trennte und also die zahlenden und sitzenden Gäste
von den unbemittelten Zuhörern. Unter ihnen befanden
sich viele junge Mädchen. Sie waren der Musik hingege-
ben. Aber die Musik bedeutete an jenen Abenden mehr als
Musik, nämlich: eine Stimme der Natur und des Frühlings. Die Blätter überwölbten die schmetternde Wehmut
der Trompeten – und ein Wind, der kam und ging, schien
für kurze Weilen die ganze Kapelle samt allen Geräuschen
auf der Terrasse in entlegene Gebiete zu entführen, aus
denen sie mehr geahnt als vernommen wurden. Gleichzeitig hörte man die langsam knirschenden Schritte der Fußgänger in der Allee. Aus ihrem gemächlichen Tempo klang
das Behagen wieder, das die Musik den Ohren bescherte.
Wenn die Instrumente laut wurden, die Trommeln zu
wirbeln begannen oder gar die Pauken zu dröhnen, so war
es, als rauschten auch die Bäume stärker und als hätten
die heftigen Arme des Herrn Kapellmeisters nicht nur den
Musikern zu gebieten, sondern auch den Blättern. Wenn

aber plötzlich ein Flötensolo den Sturm unterbrach, so klang es in diesem Garten nicht wie die Stimme eines Instruments, sondern wie eine Pause, die singt. Dann fielen auch die Vögel wieder ein – als hätte der Komponist an dieser Stelle Amseln vorgesehen. Der Duft der Kastanien war so stark, daß er selbst die süßesten Melodien überwehte und daß er dem Gesicht entgegenschlug wie ein Bruder des Windes. Und von den vielen jungen Mädchen in der Allee kam ein Glanz, ein Geflüster und besonders ein Lachen, das noch näher war als die Mädchen selbst und vertrauter als sie. Sprach man dann mit einer Fremden, so glaubte man, sie schon gehört zu haben. Und entfernte man sich mit ihr aus dieser Allee in eine andere, eine einsame, so hatte man nicht nur ein Mädchen mitgenommen, sondern auch etwas von der Musik, und man trat in die Stille ein wie in eine jener singenden Pausen.

Es galt nicht für angemessen, draußen am Gitter zu lehnen und die Mädchen merken zu lassen, daß man leider nicht in der Lage war, drinnen einen Kaffee zu trinken. Deshalb ging ich auf und ab in der Allee, verliebte mich, verzweifelte, vergaß, verschmerzte, trauerte nach und verliebte mich wieder – und alles innerhalb einer Minute. Ich hätte gerne stehend zugehört und nichts weiter. Aber hätte mir es selbst die Bekanntschaft mit einem Leutnant gestattet, der oft elegant und klirrend innerhalb des Gitters Butterkipfel aß – ich wäre doch der fernen und unerreichbaren Anmut der Damen erlegen, die leicht und hingeweht an den weißen Gartentischen saßen, eine Art irdischer Frühlingswolken, niemals anzusprechen, weil niemals zu Fuß in den Straßen anzutreffen. In jener Zeit befand sich auf der Terrasse des Restaurants ein Teil der »großen Welt«, und das Gitter war die Schranke, die mich von ihr trennte. Und wie mich das kleine Mädchen, das ich küßte, für einen mächtigen Ritter hielt, so sah ich auf den

Terrassen der großen Restaurants lauter Damen, für die ich sterben wollte. Das sollte sich später noch ereignen. Aber das große Leben heute schon auf- und abgehend und unauffällig zu beobachten und so zu tun, als wäre es eigentlich gar nicht verschlossen, war wie ein Vorschuß, den ich mir selbst darauf gegeben hatte.

Gelegentlich erhaschte ich eine graziöse Schleife, die der schwarzlackierte Dirigentenstab mit der silbernen Spitze in der Luft geschlungen hatte. Sie blieb vor meinen Augen, eine ständig wehende Erinnerung. Manchmal, wenn ich zufällig am Ausgang stand, traf mich der verführerische, schnelle und etwas spöttische Blick einer Dame. Sie bestieg, von Herren gefolgt, einen Wagen. Aber auf dem kurzen Weg von der Schwelle des Gartens bis zum Trittbrett des Wagens forderte sie noch von meinem anbetenden Auge die Bestätigung, daß sie schön sei. Ich verliebte mich im Nu – indes der Wagen dahinrollte und das flinke Getrappel der Hufe den Schlag meines Herzens bestimmte. Noch beklagte ich die Verschwundene – und schon erblühte aus der Wehmut die Hoffnung, die Dame würde morgen zur selben Stunde das Restaurant verlassen und ich, ein zufälliger Passant, vorhanden sein, um zu sehen und bemerkt zu werden. Und obwohl ich, von der Musik gerufen, heute noch in die Allee zu vulgären Abenteuern zurückkehrte, war ich bereits gewiß, an der Schwelle eines großartigen Lebens zu stehen, das morgen eröffnet werden sollte.

In der Allee lag schon die Nacht mit einigen Laternen im Laub, und die kleinen Mädchen hörte man nur – man konnte sie kaum sehen. Sie schienen in der Dämmerung zahlreicher. Das Kichern wurde ihre eigentliche Muttersprache. Nun da man ihre billigen, blauen Kleider nicht sah, konnten es die Kleinen mit den Damen innerhalb des Gitters fast aufnehmen. Der öffentliche Teil des Gartens wurde übrigens geschlossen, und die Kapelle rüstete zur großen Abendpause. Einer der Musikanten ging von Pult zu Pult und sammelte die Notenblätter ein wie Schulhefte. Das letzte Stück – es war fast immer der Radetzkymarsch – wurde nicht mehr vom Blatt gespielt, sondern vor leeren Pulten. Der Marsch existierte gewissermaßen gar nicht mehr auf dem Papier. Er war sämtlichen Musikanten in Fleisch und Blut übergegangen, sie spielten ihn auswendig, wie man auswendig atmet. Nun erklang dieser Marsch – der die Marseillaise des Konservatismus ist –, und während die Trommler und Trompeter noch auf ihren Plätzen standen, glaubte man die Trommeln und Trompeten schon selbständig marschieren zu sehen, mitgezogen von den Melodien, die ihnen eben entströmten. Ja, der ganze Volksgarten befand sich auf dem Marsch. Man wollte gemächlich schlendern, aber der Trommelwirbel selbst begann, die Gelenke zu bewegen. Er hallte noch lange in der Straße nach, und er begleitete den Lärm der abendlichen Stadt wie ein lächelnder und hurtiger Donner.

ALBIN ZOLLINGER
LESENDE DAME

Stellen Sie sich vor, daß auf einer Ruhebank etwas oberhalb der Stadt eine junge Dame sitzt und ein Buch liest. Das Blütenbäumchen zündet ihr blond in die Kapitel; wenn sie aufschaut, tut sie es nicht eben verträglich, vor lauter gefühlvoller Versponnenheit; bestenfalls denkt sie, daß ihr die Wölklein und die Löwenzahnwiesen annähernd so lieblich wie die erdichteten vorkommen.

Hiermit erschreckt sie ein schüchterner Schatten, der auftritt. »Schafskopf«, sagt die Dame und gewärtigt mit großem Blick, daß er sich wieder verziehe. Der sanfte Lustwandler jedoch beobachtet eine Gemessenheit, der gegenüber sie nicht klug wird, ob sie speien oder sich ducken soll. Sie duldet es, abgewendet, daß er an ihrer Seite ein Stündchen der Aussicht genießt.

»Sie lesen?« sagt er schließlich und bittet, nicht fliehen zu wollen.

»Was lesen Sie denn Schönes, daß Sie darüber das Schönste vergessen, diesen Frühling allerorten? Wie können Sie, mit Verlaub, Ihr Gesicht sowohl als Ihre zierliche Aufmerksamkeit in ein Buch und seine papiernen Gefühle wenden zu einer Zeit, wo das Leben alle Gräser beflaumt?«

»Was dürften wohl Sie von Gefühlen verstehen, Sie Banaus und –. So wie Sie reden, so sehen Sie nämlich auch aus, will ich Ihnen sagen.« Ihre Tränen gehen ihm zu Herzen, er ruft: »Auch ich las einmal eine sehr lehrreiche Geschichte –«

»Geschichte!«

»Verzeihung.«

Nach einer Weile fragt er: »Wodurch kennzeichnen sich Ihre, die namhaften Dichter?«

»Dadurch, daß sie der Masse unverständlich bleiben.«

»Wie suchen sie das zu bewirken? Sie gestatten, ich habe einen nahen Bekannten, der dichtet; begreiflicherweise möchte ich diesem zu seinem Vorteil raten. Bis dahin hat er es nur zu Ansehen, noch nicht zur Verkennung gebracht. Worin besteht die Größe beispielsweise dieses vorliegenden Dichters? In seiner Abwesenheit? Wo wohnt er?«

»Spießerfrage.«

»Ich meinesteils möchte ihm wünschen, daß es in einem Schlosse geschieht.«

»Er lebt überhaupt nicht mehr.«

»Alle Wetter, dann soll er froh sein. Ich habe die Ehre, mich als diesen Toten vorzustellen.«

Sie lachte hellauf.

»Was gibt es dabei zu lachen? Soll ich Ihnen meinen Namen hineinschreiben?«

»Noch wenn Sie es wären, dieses Buch bekommen Sie nicht in die Hände!« – reißt es hinweg und läßt ihn da stehen.

BERTOLT BRECHT

PSALM IM FRÜHJAHR

1. Jetzt liege ich auf der Lauer nach dem Sommer, Jungens.

2. Wir haben Rum eingekauft und auf die Gitarre neue Därme aufgezogen. Weiße Hemden müssen noch verdient werden.

3. Unsere Glieder wachsen wie das Gras im Juni und Mitte August verschwinden die Jungfrauen. Die Wonne nimmt um diese Zeit überhand.

4. Der Himmel füllt sich Tag für Tag mit sanftem Glanz und seine Nächte rauben einem den Schlaf.

»Vom Eise befreit sind Strom und Bäche . . .«, »Die linden Lüfte sind erwacht . . .«, »Veilchen träumen schon . . .«, »Die Welt wird schöner mit jedem Tag . . .«, »Nun muß sich alles, alles wenden . . .« Die vertrauten Gedichtzeilen sprechen vor, was im dritten Monat des Jahres geschieht, und was uns Menschen jedes Mal wieder als Glücksgefühl erfaßt: Der Frühling kommt! Er kehrt zurück, wie in jedem Jahr, und wird doch wieder wie neu ersehnt und erlebt. Der Winter ist überwunden. Die Sonne geht als Sieger hervor. Ihr Licht und ihre Wärme bewirken die Erneuerung. Die Natur keimt, sproßt, grünt und blüht. Die Tiere bekunden ihre Hochzeitsvorbereitungen; »sogar Steine und Felsen glänzen und freuen sich mit, von Schneelasten befreit, der Sonne«, schreibt Karl Alfons Meyer in seiner Vorfrühlingsbetrachtung. Wilhelm Lehmann hält als gewissenhafter Diarist Ausschau nach allen Anzeichen des Frühlings: »Die berühmten neun Sonnentage im März lassen nicht auf sich warten, es ist herrlich am Mittag, herrlich am Morgen, wenn der Schein den Bettpfosten vergoldet.« Es ist, als würden die Farben der Erde erst jetzt wieder sichtbar. Das Blau des Himmels, das Weiß und Rosarot der Blüten. Kein Adjektiv steht so oft und unbekümmert in den Frühlingstexten wie das Adjektiv »schön«.

Der Frühling, wie wir ihn jetzt erleben, wurde tausendmal vor uns so erlebt. Die Zeugnisse der Literatur belegen es; die ersten Märchen, die ersten Epen, die ersten Verse und Fragmente der frühen Weltliteratur. Der Frühling ist ein festes und wiederkehrendes »Motiv«. Ernst Bloch belehrt uns darüber in seinem philosophischen Essay »Lust der Frühlingswiese«. Das Motiv, schreibt er, »lebt im Mythos der Proserpina, die jeden Frühling aus der Unterwelt zur Mutter Ceres heimkehrt; es hat seinen christlichen Grund im Pauluswort, in der Lehre vom ängstlichen Harren der Kreatur auf die Offenbarung der Kinder Gottes.« Die Feste der Kirchen stimmen deshalb mit ein in die Frühlingsfeier der Natur. Keiner hat es tiefer empfunden, auch komponiert als Richard Wagner in der Karfreitagsszene im dritten Aufzug des »Parsifal«: »Nun freut sich alle Kreatur / auf des Erlösers holder Spur, / will ihr Gebet ihm weihen.« Ostern ist das Fest der Feste. »Christ ist auferstanden!« Mit ihm die ewige Hoffnung auf ein neues Leben, auf eine neue Welt. Novalis hofft auf »ein Weltverjüngungsfest«.

Für die Minnesänger war der Frühling die hohe Zeit der Liebe. Für die Dichter des Barock ein triumphierender Beweis der Herrlichkeit Gottes auf Erden. Den Dichtern der Aufklärung und Empfindsamkeit öffnete die Fülle des Frühlings Augen und Herzen. Ewald von Kleists vielstrophiges Gedicht »Der Frühling« war in diesem Sinne ein epochales Gedicht. Es klang nach in Goethes »Ganymed«, aber auch in der Prosa des »Werther« und dessen Frühlingsheiterkeit. Seither gab es keine Richtung oder Gruppierung, die den Frühling nicht besungen oder beschrieben oder gar verachtet hätte. Bert Brecht war, wie Goethe, ein Freund des Frühlings und bewies es schon in der auffällig großen Anzahl seiner Frühlingsgedichte. Es gibt in der Frühlingsliteratur zwischen Vergangenheit und Gegenwart keinen Bruch. Karl Krolow sagt es in seinem Gedicht »Gemeinsamer Frühling« kommentierend und spöttisch: »Das Schreiben über den Frühling / macht allen Spaß.« Den Spaß bewiesen immer wieder die satirischen Lyriker; erst recht die Feuilletonisten. Sie beschließen »Das Frühlingsbuch« heiter, ironisch, sarkastisch und politisch akzentuiert. *Die Herausgeber*

Anonym
Christus ist auferstanden, S. 79
Osterlied, Text aus dem 15. Jahrhundert, aber wohl älter.
Floret silva nobilis, S. 105
Mädchenklage. Aus der Benediktbeurener Liedersammlung (Carmina Burana), 13. Jahrhundert.
Aus: Deutsche Lyrik des Mittelalters. Auswahl und Übersetzung von Max Wehrli. Sechste, durchgesehene Auflage. Manesse Verlag, Zürich 1984

Achim von Arnim
26. 1. 1781 Berlin - 21. 1. 1831 Wiepersdorf
Der Kirschbaum, S. 129
Aus: Werke. Drei Bände. Herausgegeben von A. Schier. Insel Verlag, Leipzig o. J.

Bettine von Arnim
4. 4. 1785 Frankfurt am Main - 20. 1. 1859 Berlin
An Clemens Brentano, S. 13
Aus: Clemens Brentanos Frühlingskranz. Aus Jugendbriefen ihm geflochten, wie er selbst schriftlich verlangte. Insel Verlag, Leipzig 1921

Victor Aubertin
5. 9. 1870 Berlin - 28. 6. 1928 Garmisch-Partenkirchen
Japanische Novelle, S. 209
Aus: Sündenfälle. Feuilletons. Herausgegeben und mit einem Nachwort von Heinz Knobloch. Albert Langen-Georg Müller Verlag, München/Wien 1970

Rose Ausländer
11. 5. 1907 Czernowitz/Bukowina - 4. 1. 1988 Düsseldorf
April, S. 132
Aus: Im Atemhaus wohnen. Gedichte. Mit einem Porträt von Jürgen Serke. Fischer Taschenbuch Verlag, Frankfurt am Main 1981

Walter Benjamin
15. 7. 1892 Berlin - 27. 9. 1940 Port Bou (Spanien)
Der enthüllte Osterhase oder Kleine Versteck-Lehre, S. 200
Aus: Gesammelte Schriften, Band IV,1. Herausgegeben von Tillmann Rexroth. Suhrkamp Verlag, Frankfurt am Main 1972

Gottfried Benn
2. 5. 1886 Mansfeld/Mark Brandenburg - 7. 7. 1956 Berlin
März. Brief nach Meran, S. 39
Aus: Gesammelte Werke in vier Bänden. Herausgegeben von Dieter Wellershoff. Dritter Band: Gedichte. Ernst Klett Verlag, Stuttgart 1981

Richard Billinger
20. 7. 1890 St. Marienkirchen/Innviertel - 7. 6. 1965 Linz
Mariä Verkündigung, S. 42
Aus: Sichel am Himmel. Gedichte. Insel-Verlag Anton Kippenberg, Leipzig 1931

Ernst Bloch
8. 7. 1885 Ludwigshafen/Rhein - 4. 8. 1977 Tübingen
Lust der Frühlingswiese, S. 120
Aus: Verfremdungen II: Geographica. Band 120 der Bibliothek Suhrkamp. Suhrkamp Verlag, Frankfurt am Main 1964

Bertolt Brecht
10. 2. 1898 Augsburg - 14. 8. 1956 Berlin
Das Frühjahr, S. 39
Karsamstagslegende, S. 64
Mailied, S. 170
Psalm im Frühjahr, S. 215
Aus: Die Gedichte von Bertolt Brecht in einem Band. Herausgegeben vom Suhrkamp Verlag in Zusammenarbeit mit Elisabeth Hauptmann. Suhrkamp Verlag, Frankfurt am Main 1981

Clemens Brentano
8. 9. 1778 Ehrenbreitstein - 28. 7. 1842 Aschaffenburg
Frühlingsschrei eines Knechtes aus der Tiefe, S. 111

Aus Werke. Erster Band. Herausgegeben von Wolfgang Früh-
wald, Bernhard Gajek und Friedhelm Kemp. Carl Hanser Verlag,
München 1968

Georg Britting
12. 12. 1891 Regensburg - 27. 4. 1964 München
Vorfrühling, S. 43
Aus: Gedichte 1919-1939. Nymphenburger in der F. A. Herbig
Verlagsbuchhandlung GmbH, München. Abdruck mit freund-
licher Genehmigung von Ingeborg Schuldt-Britting

Barthold Hinrich Brockes
22. 9. 1680 Hamburg - 16. 1. 1747 Hamburg
Kirschblüte bei der Nacht, S. 127
Aus: Irdisches Vergnügen in Gott. Auswahl und Nachwort von
Adalbert Elschenbroich. RUB 2015. Verlag Philipp Reclam jun.,
Stuttgart 1967

Matthias Claudius
15. 8. 1740 Reinfeld/Holstein - 21. 1. 1815 Hamburg
Der Frühling. Am ersten Maimorgen, S. 159
Aus: Asmus omnia sua secum portans oder Sämtliche Werke des
Wandsbecker Boten. Herausgegeben von Urban Roedl. J. G.
Cotta'sche Buchhandlung, Stuttgart 1954

Max Dauthendey
27. 7. 1867 Würzburg - 29. 8. 1918 Malang/Java
Die Amseln haben Sonne getrunken, S. 37
Eilt euch, eil dich, die Bäume blühen!, S. 129
Aus: Das Herz singt auf zum Reigen. Gedichte. © by Langen Mül-
ler in der F. A. Herbig Verlagsbuchhandlung GmbH, München

Annette von Droste-Hülshoff
10. 1. 1797 Schloß Hülshoff bei Münster - 24. 5. 1848 Meersburg/
Bodensee
An Josef von Laßberg, S. 12
Aus: Die Briefe der Annette von Droste-Hülshoff. Gesamtaus-
gabe. Herausgegeben von Karl Schulte-Kemminghausen. Erster
Band. Eugen Diederichs Verlag, Jena 1944

Am Palmsonntage, S. 58
Aus: Sämtliche Werke. Herausgegeben, in zeitlicher Folge geordnet und mit einem Nachwort und Erläuterungen versehen von Clemens Heselhaus. Carl Hanser Verlag, München 1952

Günter Eich
1. 2. 1907 Lebus/Oder - 20. 12. 1972 Salzburg
März, S. 44
Zeilen an Huchel, S. 141
Mit klappernden Zähnen am Morgen Sophie, S. 169
Aus: Gesammelte Werke. Herausgegeben vom Suhrkamp Verlag in Verbindung mit Ilse Aichinger und unter Mitwirkung von Susanne Müller-Hanpft, Horst Ohde, Heinz F. Schafroth und Heinz Schwitzke. Band 1: Die Gedichte/Die Maulwürfe. Herausgeber: Horst Ohde. Suhrkamp Verlag, Frankfurt am Main 1973

Joseph von Eichendorff
10. 3. 1788 Schloß Lubowitz/Oberschlesien - 26. 11. 1857 Neiße
Frische Fahrt, S. 115
Aus: Werke in einem Band. Herausgegeben von Wolfdietrich Rasch. Carl Hanser Verlag, München 1955

Theodor Fontane
30. 12. 1819 Neuruppin - 20. 9. 1898 Berlin
Spaziergang am Berliner Kanal, S. 148
Aus: Sämtliche Werke. Herausgegeben von Walter Keitel. Romane, Erzählungen, Gedichte: Fünfter Band. Carl Hanser Verlag, München 1966

Max Frisch
15. 5. 1911 Zürich - 4. 4. 1991 Zürich
Schirme, glanznaß und schwarz (Aus: Die Schwierigen oder J'adore ce qui me brûle), S. 140
Aus: Gesammelte Werke in zeitlicher Folge. Werkausgabe edition suhrkamp. Herausgegeben von Hans Mayer unter Mitwirkung von Walter Schmitz. Band 1.2: 1931-1944. Suhrkamp Verlag, Frankfurt am Main 1976

Günter Bruno Fuchs
3. 7. 1928 Berlin - 19. 4. 1977 Berlin
Jetzt im Frühjahr, S. 193
Aus: Das Lesebuch des Günter Bruno Fuchs. © 1970 Carl Hanser
Verlag München Wien

Johann Wolfgang Goethe
28. 8. 1749 Frankfurt am Main - 22. 3. 1832 Weimar
Frühling übers Jahr, S. 32
Ganymed, S. 108
Maifest, S. 163
Aus: Goethes Werke. Hamburger Ausgabe in 14 Bänden. Heraus-
gegeben von Erich Trunz. Erster Band: Gedichte und Epen 1.
Verlag C. H. Beck, München 1978
Osterspaziergang, S. 77
Eine wunderbare Heiterkeit hat meine ganze Seele eingenom-
men, S. 173
Aus: Gedenkausgabe der Werke, Briefe und Gespräche. Heraus-
gegeben von Ernst Beutler. Fünfter Band: Die Faustdichtungen.
Vierter Band: Der junge Goethe. Artemis Verlag, Zürich 1950
und 1953

Bogumil Goltz
20. 3. 1801 Warschau - 12. 11. 1870 Thorn
Die Ankunft der Störche, S. 46
Aus: Buch der Kindheit. Herausgegeben von Friedhelm Kemp.
Kösel Verlag, München 1964

Friedrich von Hagedorn
23. 4. 1708 Hamburg - 28. 10. 1754 Hamburg
Der Mai, S. 159
Aus: Gedichte. Herausgegeben von Alfred Anger. RUB 1321-23.
Verlag Philipp Reclam jun., Stuttgart 1968

Jakob Haringer
16. 3. 1898 Dresden - 3. 4. 1948 Zürich
Nie vergeß ich den schönen Josefstag, S. 40

Aus: Das Schnarchen Gottes und andere Gedichte. Herausgegeben von Jürgen Serke. © 1979 Carl Hanser Verlag München Wien

Johann Peter Hebel
10. 5. 1760 Basel - 22. 9. 1826 Schwetzingen
An Gustave Fecht, S. 11
Aus: Briefe. Ausgewählt und eingeleitet von Wilhelm Zentner. Verlage C. F. Müller, Karlsruhe und Langewiesche-Brandt, Ebenhausen bei München 1976

Heinrich Heine
13. 12. 1797 Düsseldorf - 17. 2. 1856 Paris
Mein Herz, mein Herz ist traurig, S. 165
Aus: Sämtliche Werke. Düsseldorfer Ausgabe. Herausgegeben von Manfred Windfuhr. Band 1/1: Buch der Lieder. Bearbeitet von Pierre Grappin. Verlag Hoffmann und Campe, Hamburg 1975
Es ist heute der erste Mai, S. 170
Aus: Sämtliche Schriften. Herausgegeben von Klaus Briegleb. Zweiter Band. Herausgegeben von Günter Häntzschel. Carl Hanser Verlag, München 1969

Max Herrmann-Neiße
23. 5. 1886 Neiße/Schlesien - 8. 4. 1941 London
Zürcher Mai- und Hochzeitscarmen, S. 167
Die Eisheiligen, S. 168
Aus: Ich gehe, wie ich kam. Gedichte. Herausgegeben und mit einem Nachwort von Bernd Jentzsch. Carl Hanser Verlag, München/Wien 1979

Hermann Hesse
2. 7. 1877 Calw/Württemberg - 19. 8. 1962 Montagnola
Voll Blüten, S. 130
Aus: Gesammelte Dichtungen. Fünfter Band. Suhrkamp Verlag, Frankfurt am Main 1952
Aprilbrief, S. 134
Aus: Gesammelte Schriften. Siebenter Band: Betrachtungen und Briefe. Suhrkamp Verlag, Frankfurt am Main 1957

Georg Heym
30. 10. 1887 Hirschberg/Schlesien - 16. 1. 1912 Berlin
Printemps, S. 117
Aus: Das lyrische Werk. Auf Grund der Gesamtausgabe herausgegeben von Karl Ludwig Schneider. Deutscher Taschenbuch Verlag, München 1977. Lizenzausgabe mit freundlicher Genehmigung der Heinrich Ellermann Verlags KG, München

Wolfgang Hildesheimer
9. 12. 1916 Hamburg - 21. 8. 1991 Poschiavo
Der hellgraue Frühjahrsmantel, S. 197
Aus: Lieblose Legenden. Mit Zeichnungen von Paul Flora. Deutsche Verlags-Anstalt, Stuttgart 1952

Peter Hille
11. 9. 1854 Erwitzen/Westfalen - 7. 5. 1904 Großlichterfelde bei Berlin
Maienwind, S. 166
Aus: Ich bin, also ist Schönheit. Lyrik, Prosa, Aphorismen, Essays. Herausgegeben von Rüdiger Bernhardt, unter Mithilfe von Heidi Ruddigkeit. Mit einem Nachwort von Rüdiger Bernhardt. Verlag Philipp Reclam jun., Leipzig 1975

Friedrich Hölderlin
20. 3. 1770 Lauffen am Neckar - 7. 6. 1843 Tübingen
Der Frühling, S. 109
Aus: Sämtliche Werke und Briefe. Herausgegeben von Günter Mieth. Erster Band. Carl Hanser Verlag, München 1970

Ludwig Christoph Heinrich Hölty
21. 12. 1748 Mariensee bei Hannover - 1. 9. 1776 Hannover
Die Mainacht, S. 161
Elegie auf eine Nachtigall, S. 162
Aus: Gedichte. Insel Verlag, Leipzig o. J.

Dieter Hoffmann
2. 8. 1934 Dresden, lebt in Frankfurt am Main
Trauerweiden, S. 44
Abdruck mit freundlicher Genehmigung des Autors

Hugo von Hofmannsthal
1. 2. 1874 Wien - 15. 7. 1929 Rodaun
Vorfrühling, S. 35
Aus: Ausgewählte Werke in zwei Bänden. Herausgegeben von Rudolf Hirsch. Erster Band: Gedichte und Dramen. S. Fischer Verlag, Frankfurt am Main 1957

Ricarda Huch
18. 7. 1864 Braunschweig - 17. 11. 1947 Schönberg/Taunus
Halt ein, maßloser Frühling, S. 168
Aus: Gesammelte Werke. Herausgegeben von Wilhelm Emrich. Fünfter Band: Gedichte, Dramen, Reden, Aufsätze und andere Schriften. © 1971 by Verlag Kiepenheuer & Witsch Köln

Peter Huchel
3. 4. 1903 Berlin-Lichterfelde - 30. 4. 1981 Staufen/Breisgau
Ostern in Alt-Langerwisch, S. 82
April 63, S. 131
Aus: Gesammelte Werke in zwei Bänden. Herausgegeben von Axel Vieregg. Band 1: Die Gedichte. Suhrkamp Verlag, Frankfurt am Main 1984

Jean Paul
21. 3. 1763 Wunsiedel/Fichtelgebirge - 14. 11. 1825 Bayreuth
Wanderung von Kuhschnappel nach Baireuth, S. 179
Aus: Deutsche Landschaft. Ausgewählt und eingeleitet von Helmut J. Schneider. Insel Verlag, Frankfurt am Main 1981

Uwe Johnson
20. 7. 1934 Cammin/Pommern - 24. 2. 1984 Sheerness-on-Sea on Isle of Sheppey, Kent (England)
Osterwasser, S. 93
Aus: Karsch und andere Prosa. edition suhrkamp 59. Suhrkamp Verlag, Frankfurt am Main 1964

Erich Kästner
23. 2. 1899 Dresden - 29. 7. 1974 München
Zur Fotografie eines Konfirmanden, S. 189

Aus: Dr. Erich Kästners Lyrische Hausapotheke. Atrium Verlag, Zürich 1986. © Copyright by Erich Kästner Erben, München

Mascha Kaléko
6. 7. 1912 Schilow/Polen - 21. 1. 1975 Zürich
Sozusagen ein Mailied, S. 192
Aus: Verse für Zeitgenossen. Herausgegeben und mit einem Nachwort versehen von Gisela Zoch-Westphal. Rowohlt Verlag, Reinbek bei Hamburg 1980. © Frau Gisela Zoch-Westphal, Thalwil

Marie Luise Kaschnitz
31. 1. 1904 Karlsruhe - 10. 10. 1974 Rom
Ende April, S. 142
Aus: Gesammelte Werke in sieben Bänden. Herausgegeben von Christian Bütterich und Norbert Miller. Dritter Band: Die autobiographische Prosa II. Insel Verlag, Frankfurt am Main 1982

Gottfried Keller
19. 7. 1819 Zürich - 15. 7. 1890 Zürich
Wiederum Frühling, S. 55
Aus: Sämtliche Werke und ausgewählte Briefe. Herausgegeben von Clemens Heselhaus. Dritter Band. Carl Hanser Verlag, München 1958

Friederike Kempner
25. 6. 1836 Opatow/Posen - 23. 2. 1904 Friederikenhof bei Reichthal/Breslau
Frühlingslüfte wehen leise, S. 188
Aus: Sie wissen, was ich meine . . . Gedichte von Friederike Kempner. Büchergilde Gutenberg, Frankfurt a. M., Olten und Wien 1982

Sarah Kirsch
16. 4. 1935 Limlingerode/Südharz, lebt in Tielenhemme
März, S. 45
Aus: Schneewärme. Mit freundlicher Genehmigung der Deutschen Verlags-Anstalt GmbH, Stuttgart 1985

Johann Klaj
1616 Meißen - 1656 Kitzingen/Main
Christus in der Gestalt des Gärtners, S. 81
Aus: Deutsche Barocklyrik. Auswahl und Nachwort von Max
Wehrli. Manesse Bibliothek der Weltliteratur. Manesse Verlag
Conzett und Huber, Zürich 1977

Christian Ewald von Kleist
7. 3. 1715 Gut Zeblin bei Köslin/Pommern - 24. 8. 1759 Frank-
furt/Oder
Betrachtet die Jugend des Jahres!, S. 106
Aus: Deutsche Dichtung im 18. Jahrhundert. Herausgegeben
von Adalbert Elschenbroich. Carl Hanser Verlag, München 1960

Heinrich von Kleist
18. 10. 1777 Frankfurt/Oder - 21. 11. 1811 Berlin/Wannsee
Der Engel am Grabe des Herrn, S. 63
Aus: Sämtliche Werke und Briefe. Herausgegeben von Helmut
Sembdner. Erster Band: Versdichtung. Carl Hanser Verlag, Mün-
chen 1952

Karl Krolow
11. 3. 1915 Hannover, lebt in Darmstadt
Gemeinsamer Frühling, S. 45
Aus: Gesammelte Gedichte 2. Suhrkamp Verlag, Frankfurt am
Main 1975

Elisabeth Langgässer
23. 2. 1899 Alzey - 25. 7. 1950 Rheinzabern
Der Erstkommuniontag, S. 87
Aus: Erzählungen. Claassen Verlag, Hamburg 1964
Frühling 1946, S. 119
Aus: Gesammelte Werke. Band III: Gedichte. Claassen Verlag,
Hamburg. © Claassen Verlag GmbH, Düsseldorf 1959

Wilhelm Lehmann
4. 5. 1882 Puerto Cabello/Venezuela - 17. 11. 1968 Eckernförde
Anfang März, S. 9

Aus: Gesammelte Werke in acht Bänden. Band 1: Sämtliche Gedichte. Klett-Cotta, Stuttgart 1982

Nikolaus Lenau
13. 8. 1802 Csatád/Ungarn - 22. 8. 1850 Oberdöbling bei Wien
Am Grabe Höltys, S. 33
Liebesfeier, S. 115
Aus: Sämtliche Werke und Briefe in zwei Bänden. Herausgegeben von Walter Dietze. Erster Band: Gedichte und Versepen. Insel Verlag, Frankfurt am Main 1971

Thomas Mann
6. 6. 1875 Lübeck - 12. 8. 1955 Kilchberg/Zürichsee
Fixativ und Frühlingsarom, S. 124
Aus: Sämtliche Erzählungen. S. Fischer Verlag, Frankfurt am Main 1963

Ernst Meister
3. 9. 1911 Hagen-Haspe - 15. 6. 1979 Hagen-Haspe
Gründonnerstag, S. 60
Aus: Ausgewählte Gedichte 1932-1979. Nachwort von Beda Allemann. Sammlung Luchterhand 244. Hermann Luchterhand Verlag, Darmstadt und Neuwied 1979

Karl Alfons Meyer
27. 3. 1883 Wiedlisbach/Jura - 13. 12. 1969 Horgen bei Zürich
Vorfrühling, S. 17
Aus: Von Frau Haselin zu Freund Hein. A. Francke AG Verlag, Bern 1957

Jo Mihaly
25. 4. 1902 Schneidemühl - 29. 3. 1989 Ascona
Myrten im Haar, S. 84
Aus: ... da gibt's ein Wiedersehn! Kriegstagebuch eines Mädchens. 1914-1918. Verlag Herder, Freiburg und Heidelberg 1982

Eduard Mörike
8. 9. 1804 Ludwigsburg - 4. 6. 1875 Stuttgart
Er ist's, S. 9
Karwoche, S. 57
Im Frühling, S. 116
Aus: Sämtliche Werke in zwei Bänden. Textredaktion: Jost Perfahl. Mit einem Nachwort von Benno von Wiese. Winkler Verlag, München 1976

Helga M. Novak
8. 9. 1935 Berlin-Köpenick, lebt in Berlin
Bei mir zu Hause, S. 133
Aus: Grünheide Grünheide. Gedichte 1955-1980. Mit einem Vorwort von Jürgen Fuchs. Sammlung Luchterhand 460. Hermann Luchterhand Verlag, Darmstadt und Neuwied 1983

Novalis
2. 5. 1772 Gut Oberwiederstedt bei Mansfeld - 25. 3. 1801 Weißenfels
Hymne, S. 79
Es färbte sich die Wiese grün, S. 110
Aus: Dichtungen. Herausgegeben von Franz Schultz. Insel Verlag, Leipzig o. J.

Friedrich Ratzel
30. 8. 1844 Karlsruhe - 9. 8. 1904 Ammerland bei Tölz
Ein schöngeschwungenes L, S. 48
Aus: Jugenderinnerungen. Herausgegeben von Friedhelm Kemp. Kösel-Verlag, München 1966

Rainer Maria Rilke
4. 12. 1875 Prag - 29. 12. 1926 Val Mont bei Montreux
Vorfrühling, S. 36
Aus einem April, S. 130
Aus: Sämtliche Werke in sechs Bänden. Herausgegeben vom Rilke-Archiv in Verbindung mit Ruth Sieber-Rilke. Besorgt durch Ernst Zinn. Erster und Zweiter Band. Insel Verlag, Frankfurt am Main 1955 und 1956

Joachim Ringelnatz
7. 8. 1883 Wurzen - 11. 11. 1934 Berlin
Frühling hinter Bad Nauheim, S. 191
Rätselhaftes Ostermärchen, S. 206
Aus: Das Gesamtwerk, Band 1. © Henssel Berlin

Eugen Roth
24. 1. 1895 München - 28. 4. 1976 München
Bayerisches Land, S. 190
Aus: Je nachdem. Heitere Verse und Gedichte. Deutscher
Taschenbuch Verlag, München 1981. © 1977 Carl Hanser Verlag,
München

Joseph Roth
2. 9. 1894 Schwabendorf bei Brody/Galizien - 27. 5. 1939 Paris
Konzert im Volksgarten, S. 210
Aus: Werke. Herausgegeben und eingeleitet von Hermann Ke-
sten. Vierter Band: Kleine Prosa. © 1976 by Verlag Allert de
Lange Amsterdam und Verlag Kiepenheuer & Witsch Köln

Johann Gaudenz von Salis-Seewis
26. 12. 1762 Schloß Bothmar/Schweiz - 29. 11. 1834 Bothmar
Märzlied, S. 31
Aus: Gedichte. Herausgegeben von Eduard Korrodi. Verlag
Fretz & Wasmuth, Zürich 1937

Eugen Skasa-Weiss
22. 5. 1905 Nürnberg - 17. 10. 1977 London
Vom Ehrgeiz älterer Osterhasen, S. 202
Aus: Von hinten besehen. Feuilletons. Cotta's Bibliothek der
Moderne. Klett-Cotta, Stuttgart 1984

Ernst Stadler
11. 8. 1883 Colmar/Elsaß - 30. 10. 1914 bei Ypern
Vorfrühling, S. 38
Aus: Dichtungen, Schriften, Briefe. Herausgegeben von Klaus
Hurlebusch und Karl Ludwig Schneider. Verlag C. H. Beck,
München 1983

Adalbert Stifter
23. 10. 1805 Oberplan/Böhmerwald - 28. 1. 1868 Linz/Donau
Die Charwoche in Wien, S. 65
Veilchen, S. 144
Aus: Gesammelte Werke in sechs Bänden. Herausgegeben von
Max Stefl. Sechster Band: Kleine Schriften. Erster Band: Stu-
dien 1. Insel Verlag, Wiesbaden 1959

Theodor Storm
14. 9. 1817 Husum - 4. 7. 1888 Hademarschen
An Constanze Esmarch, S. 15
Aus: Ein rechtes Herz. Sein Leben in Briefen dargestellt von
Bruno Loets. Sammlung Dieterich Band 103. Dieterich'sche Ver-
lagsbuchhandlung, Leipzig 1945

W. E. Süskind
10. 6. 1901 Weilheim/Oberbayern - 17. 4. 1970 Tutzing
Tod eines Maikäfers, S. 194
Aus: Abziehbilder. Notizen aus dem Alltag eines Zeitgenossen.
Deutsche Verlags-Anstalt, Stuttgart 1963

Georg Trakl
3. 2. 1887 Salzburg - 4. 11. 1914 Krakau
Frühling der Seele, S. 118
Aus: Die Dichtungen. Otto Müller Verlag, Salzburg 1938

Kurt Tucholsky
9. 1. 1890 Berlin - 21. 12. 1935 Hindås bei Göteborg/Schweden
Frühling im Hochgebirge, S. 188
Frühlingsvormittag, S. 207
Aus: Gesammelte Werke in zehn Bänden. Herausgegeben von
Mary Gerold-Tucholsky und Fritz J. Raddatz. Dritter Band:
1921-1924. Copyright © 1960 by Rowohlt Verlag GmbH, Rein-
bek bei Hamburg

Ludwig Uhland
26. 4. 1787 Tübingen - 13. 11. 1862 Tübingen
Frühlingslied des Rezensenten, S. 34

Aus: Werke in vier Bänden. Herausgegeben von Hartmut Fröschle und Walter Scheffler. Band 1: Sämtliche Gedichte. Herausgegeben von Walter Scheffler. Winkler Verlag, München 1980 Frühlingsglaube, S. 114
Aus: Werke. Herausgegeben von Hans-Rüdiger Schwab. Erster Band: Gedichte, Dramen, Versepik und Prosa. Insel Verlag, Frankfurt am Main 1983

Christian Wagner
5. 8. 1835 Warmbronn/Württemberg - 15. 2. 1918 Warmbronn
Die Störche, S. 42
Aus: Gedichte. Ausgewählt und eingeleitet von Hermann Hesse. Mit einem Nachwort von Peter Handke. Bibliothek Suhrkamp Band 703. Suhrkamp Verlag, Frankfurt am Main 1980.

Richard Wagner
22. 5. 1813 Leipzig - 13. 2. 1883 Venedig
Das ist Karfreitagszauber, Herr!, S. 61
Aus: Parsifal. Ein Bühnenweihfestspiel in drei Aufzügen. Vollständiges Buch. Herausgegeben von Wilhelm Zentner. RUB Nr. 5640. Verlag Philipp Reclam jun., Stuttgart 1983

Robert Walser
15. 4. 1878 Biel/Schweiz - 25. 12. 1956 Herisau
Schneeglöckchen, S. 25
Das Veilchen, S. 27
Aus: Das Gesamtwerk. Herausgegeben von Jochen Greven. Band VII: Festzug. Prosa aus der Bieler und Berner Zeit. Band II: Kleine Dichtungen. Prosastücke. Kleine Prosa. Verlag Helmut Kossodo, Genf und Hamburg 1966 und 1971

Walther von der Vogelweide
um 1170 vermutl. Niederösterreich - um 1230 bei Würzburg (?)
Könnt ihr schauen, welche Wunder, S. 157
Übertragen aus dem Mittelhochdeutschen von Max Wehrli. Aus: Deutsche Lyrik des Mittelalters. Auswahl und Übersetzung von Max Wehrli. Sechste, durchgesehene Auflage. Manesse Verlag, Zürich 1984

Konrad Weiss
1. 5. 1880 Rauenbretzingen bei Schwäbisch Hall - 4. 1. 1940
München
Verkündigung, S. 41
Aus: Dichtungen und Schriften in Einzelausgaben. Herausgegeben von Friedhelm Kemp. Erster Band: Gedichte 1914-1939.
Kösel Verlag, München 1961

Albin Zollinger
24. 1. 1895 Zürich - 7. 11. 1941 Zürich
Lesende Dame, S. 213
Aus: Gesammelte Prosa. Geleitwort von Max Frisch. Atlantis Verlag, Zürich 1961

INHALT